神さまからの急速充電

キャメレオン竹田

三笠書房

はじめに……自分を「フル充電したい！」と思った時、読む本

「伊勢神宮にお参りに行ったら、清々《すがすが》しい気分になった」
「お気に入りのアーティストのライブで、元気が出てきた」
「久しぶりに美術館に出かけたら、心が満たされた」

こんな経験が、あなたにもありませんか？
実は、パワースポットを訪れるのも、お気に入りのアーティストのライブやコンサートに出かけるのも、話題の映画や展覧会を観に行くのも、無意識レベルで「ある願い」を満たすため、なのです。

その願いとは、

「エネルギーの強い場所で、自分をフル充電したい！」

ということです。


「最近、何だか冴《さ》えないなぁ」

「やる気が、どうも起きない」

そんな時ほど、「自分にエネルギーをチャージしたい！」という気持ちが強くなります。

これって、

「お腹がすいたから、お腹いっぱい、ごはんが食べたい！」

「たくさん運動して疲れたから、ぐっすり眠りたい」

というのと同じレベルの、私たちに備わっている本能といえるかもしれません。

「見えないものを見るチカラ」を持つ私の友人によりますと、神社、特にその土地の「一の宮《いちのみや》」とされるような由緒ある神社からは「光の柱」、つまり**「エネルギーの柱」**が天に向かってドーンと立っているそうです。

同じように、人気絶頂のアーティストや俳優さんからは、すごいオーラが発せられています。また、名だたる名画や美術品からも、圧倒されるようなエネルギーが発せられているのを感じませんか？

もちろん、地球のエネルギーが結晶化した、キラキラ輝くジュエリーからも、高いエネルギーが放出されています。

私たちは誰しも、こうした「高いエネルギー」を発する場所、人、ものに無条件で惹《ひ》かれてしまい、「近くにいたい！」と思います。これはつまり、**「エネルギーをお裾分《すそわ》けしてほしい！」**と思っているのと同じことなのです。

この本では、毎日をアクティブに楽しく、そして前向きに生きていくために、効率よく**エネルギーを「充電」していく方法**をお伝えしていきます。

また、自分の中にあるエネルギーの漏電《ろうでん》や大爆発をなくし、

「いつも、いいエネルギーが巡《めぐ》っている自分」

「エネルギーを上手に使いこなす自分」

であるために、どんなことを心がけ、どのように行動していけばいいのか、たっぷりとご紹介していこうと思います。

エネルギーがうまく使えるようになると、「叶《かな》えるのは難しいかな?」と思っていた願いも、より簡単に、より早く叶えられるようになります。

また、あなた自身も、よりパワフルに、よりチャーミングになっていくのです。

それは、

「魔法のようだ」

といっても過言ではないし、

「神さまのようになってしまう」

といっても過言ではありません。

この本をきっかけに、あなたが「エネルギーの高い人」になり、周りを照らせるようになりますように！

キャメレオン竹田

✦もくじ

1章 心が「バッテリー切れ」を起こしていませんか
……気分を持ち上げると「いいこと」続々！

2章 脇目をふらず「自分のこと」に集中！

……「エネルギー漏れ」を起こさないための心得

3章 心に「ピタッとくる」ことで大開運！
……「エネルギーの好循環」は自分から巻き起こす

4章 「出番」が来たら、全力で楽しむ！
……「執着ゼロ」で、エネルギーの流れもスムーズに！

5章 「願いが叶うこと」は確定ずみ！

……すべてのことは「引き寄せ」可能

6章

「神さまと同じエネルギー」があなたにも！
……時には「大放電」することも許そう

本文イラストレーション・写真　キャメレオン竹田

1章

心が「バッテリー切れ」を起こしていませんか

……気分を持ち上げると「いいこと」続々！

1

「心の充電」はこまめに！

あなたはいつも、スマホのバッテリーの残量が、どのくらいになったら充電していますか？

ちょっとでも減ったら充電しますか？
半分くらいになったら充電しますか？
それとも、バッテリーの残量がなくなる寸前になってからでしょうか？
外出時、残量が少ないと焦《あせ》りますよね！

充電器を持っていれば大丈夫ですが。

だけど、そのスマホを持っている当の本人である、私たち自身はどうでしょうか？

よく寝たり、きちんと食べたりすることで、「身体的充電」は毎日できていたとしても、

「心の充電」

つまり生命エネルギーそのものである「意識」や「魂」の充電は、きちんとしているでしょうか。

「体のバッテリー切れ」は、自分自身でも、周りから見ても、わかりやすいものです。でも、「魂のバッテリー切れ」は、自分でも気づいていない人がいますし、

周りも気づきにくいものです。

そして、自分にエネルギーを「フル充電」していくためには、体と魂、どちらかだけの充電ではダメなんです。片方だけの充電では、自分をうまく起動できません。

「体」と「魂」の両方のバッテリーがバランスよく充電されることで、私たち人間は、生き生きと毎日をエンジョイできるのです。

「あ〜、幸せ♪」の気持ちが大切

では、どうすれば、あなたの魂にエネルギーを充電できるでしょうか？

それは簡単です。


「気分がよくなればエネルギーは自動的に高まっていく」

のです。

「あ〜、幸せ♪」
「すご〜く、楽しい」

という気持ちが大切、ということですね。

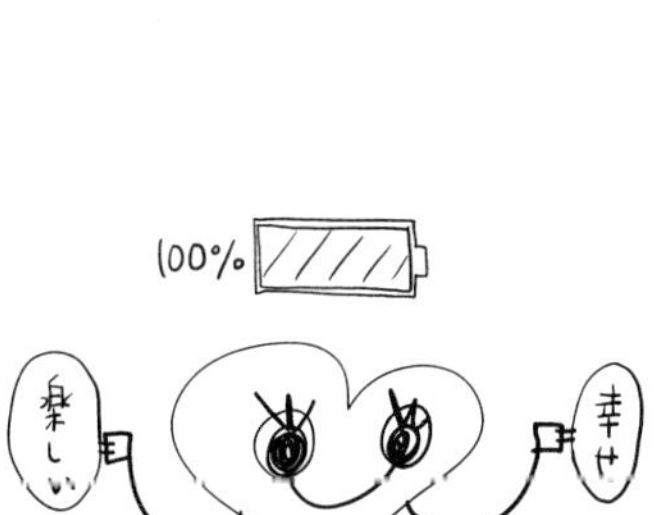

2

「今、一番心地よいこと」をしてみる

誰にでも、エネルギーが低下してしまって、気持ちが冴えない時はあるものです。

気持ちがマイナスに傾いてしまった時、たとえば、

「仕事のやる気が起きない」

「ご飯をつくるのが面倒」

「体調や天気が悪くて憂鬱《ゆううつ》」

など。

このような時、気持ちの目盛りをマイナスのところから、一気にプラス一〇〇まで持っていこうとしなくてもいいんです。

まずは、**「マイナスからゼロに戻す」**ことを意識しましょう。

「気分がイマイチ」の時ほど自分を喜ばせる

それには、本当に「些細《ささい》なこと」をするだけでいいのです。

その時、あなたが実行することのできるすべての選択肢の中で、**「一番、心地がよいこと」**をしてみましょう。

漫画が好きなら、漫画を読む。

友達に電話をしたいなら、電話をする。

ケーキが食べたいなら、ケーキを食べる。

少し横になりたければ、横になって休む。

とにかく、「どうも、気分がイマイチだな」「何だか、エネルギーが切れてしまった……」と思ったら、

「今、何をしたら、私は幸せ？」

と、自分の心（私の中の神さま）に問いかけてみるといいでしょう。

ポイントは、**「今、できることの中で」**ですからね！

「今、できないこと」は、視野に入れなくていいのです。

そして、「今できる、一番、心地よいこと」を、誰に気兼ねすることなくやってみてください。

そうすれば、エネルギーが急速にチャージされていくのを実感できるでしょう。

3
こんな「小さなこと」でも〝いい状態〟は保てる

気づいた時に自分を**「こまめに充電」**していると、あなたのエネルギーはいつも安定して「いい状態」を保つことができます。

私は、常日頃から、この「こまめに充電」を実践しています。

「え？　こまめに充電って、どうやるの？」

と思いましたか？　では、ご参考までに、私の「とある一日の過ごし方」をご紹介します。

朝、**窓の外の景色を眺めながら、ドリップでコーヒーをいれて牛乳多めの美味しいカフェオレをつくって飲み、**今日のスケジュールをざっと書き出します。

その時に、**ランチはどこでとるか決めています。そうすると、お昼が楽しみに**なります。

午前中、家で**執筆**をしている間、**頻繁《ひんぱん》におおぽち先生（愛犬）を触ったり、ペリー（オカメインコ）に話しかけたり、ヨックモックの「プランリュンヌ」というクッキーを食べたり**します。

また、**キッチンをちょこちょこ散策**します。

（私は通常、自宅で執筆したり、作業をしたりすることが多いのですが、頻繁にキッチンに立ちますし、**冷蔵庫も頻繁に開け**ます。これが好きなんです）

午後は、**自由が丘へランチに行き、**ついでに、**好きなカフェにも行って、ちょこっと作業。**

その後、自由が丘を**プラプラしたり、「歩く瞑想」**をしたりもします。

お気に入りのパン屋、「バゲットラビット」に寄り、**気になる雑貨屋さん**に入って、目にとまった小物を手に取ったり、素敵なケースの蓋《ふた》を開けてみたりと、いろいろ見て回ります。

奥澤神社に参拝し、**本屋に寄って**から帰宅。

ミルクティーをつくって飲み、**執筆**再開。その間にも**キッチンに行ったり、おぽち先生を触ったり**、話したいことを思い出して、**友達に電話**をしたりします。

好きな音楽を聴きながら、夕飯の準備。

食事を済ませた後、**執筆作業**。

Ｋｉｎｄｌｅで電子書籍を読みながらのバスタイムの後、**再び執筆作業**。

キリのいいところまで仕上げたら、**就寝**。

……と、このような感じです。ちなみに太字にしている箇所が「こまめに充電」を実践している部分です。

「充電できるパターン」を準備しておく

このように、私はこまめに「自分の心が求めていること」を実行しています。

あらためて目を通すと、「ただ遊んでいるだけの一日」のようにも見えて、執筆もしっかりしてますね。

また、この日は自由が丘にランチに行きましたが、一日中、家にこもって作業をしている日も、「おおぽち先生を触る」「カフェオレをつくって飲む」「キッチンをうろうろする」「友達に電話をかける」などして、無意識のうちにも「こまめに充電」しています。

つまり、「自分を充電する」って、こんなことでいいのです。

そして……。私は、執筆することもすごく好きなので、実は仕事である「執筆タイム」も「充電タイム」なのです。
好きな仕事をしていると、それさえも充電になるのです。
このことについては、後々お話ししていきます。
その他にも、私には、いろいろ「自分を充電できること」があります。
少しご紹介しましょう。

★松屋銀座の地下をプラプラする
★とらや赤坂店でお茶をしてから、赤坂の豊川稲荷《とよかわいなり》東京別院に参拝に行く
★千疋屋《せんびきや》でフルーツサンドを食べる
★好きな本を読む
★スマホで映画を観る
★ＬＩＮＥゲームのＬＩＮＥポコポコをする

などです。

「充電DAY」は、いつでもつくれる

先日、代官山のカフェレストラン「アイヴィープレイス」で雑誌の取材を受けることになりました。

でも、取材当日に出版社さんが来ないので、電話をしてみました。すると、先方の担当者が日程をすっかり勘違いしていたことが判明しました。「今すぐそちらへ伺います！」と返事をいただいたのですが、その日の取材は別の日に変更することにしました。

ここで、私は瞬時にギアを充電モードに切り替えました！

私は、パンケーキを注文して食べ、すっかり幸せな気分になりました。その後、しょっぱいものがどうしても食べたくなったので、「春水堂《チュンスイタン》」に出向き、豆漿鶏《トウジャンジー》湯麺《タンメン》（パクチー抜き！）を食べました。すると、また甘いものが食べたくなって、

豆乳でつくられたデザートのミニ豆花《トウファ》を食べ、帰りに雑貨屋をプラプラして帰りました。

結果、「仕事の取材日」は、とても楽しい**「充電DAY」**に早変わりしました。

ちなみに「アイヴィープレイス」を取材場所に指定したのは私なのですが、そもそも**「好きなお店を指定して、取材を受ける」ことで仕事をしながら、充電**しようとしていました。

知らず知らずのうちに、「常に充電できる状態」を目指している自分がいるのです。

ちなみに、別の日に変更になった取材の際には、モーニングが美味しい自由が丘のカフェを指定しました（笑）。

4 自分にとっての「ポパイのほうれん草」は？

さて、あの有名なキャラクター「セーラー服姿のポパイ」は、どんなことがあってもパワーを復活させることができます。

なぜなら、「ほうれん草の缶づめ」を食べれば、エネルギーをすぐにチャージできるからです。

あなたも、**ポパイにとっての「ほうれん草の缶づめ」**のようなものを、自分の魂のためにいくつか準備しておくと、どんな時でもあわてず、さわがず、エネルギーを充電できるはずです。

あなたは、どんなことで充電できるでしょうか？

漫画を読んだり、お花を見たり、コーヒーを飲んだり、ミルクレープを食べたり、おしゃれをしたり、美味しいものを食べたり、アロママッサージに行ったり、好きな人に会ったり……。

あなたには、あなたなりの、こまめに取り入れられる「ポパイのほうれん草」があるはずです。

ここで、あなただけの「ポパイのほうれん草」を書き出してみましょう。

「ちょっとしたこと」でＯＫですよ！

○　○　○

○ ○ ○ ○ ○ ○

そしてこれらを、後回しにしないで、すぐに実行していきましょう。
すると、あなたの**「魂のバッテリー」はみるみる充電**されていきます。

もう、わかってきたかと思いますが、「ポパイのほうれん草」には、
「自分をちゃんと大切にしている」
「自分をちゃんと愛している」

「自分で自分をかまってあげている」

といったことが「成分」として入っています。

つまり、**「自分にちゃんと意識を向けてあげる」ことで、あなたのエネルギーは回復していく**のです。

5

「自分の気分が上がったか」がポイント

さて、あなたは、

「パワースポットに行けば、パワーストーンや宝石を身につければ、もれなくエネルギーがチャージされて、いいことがあるのでは!?」

と漠然と思っていないでしょうか。

「エネルギーがチャージされる」と言われていることをやってみた時、一番大事なのは、**「あなたの気分が上がるかどうか」**ということです。

「○○さんが『ここに行けば、いいことがある！』と言っていたけれど、自分はあまりピンとこない」

「このパワーストーンや宝石には、願望実現という意味があるみたいだけれど、あまり好きな色ではない」

こんな場合は、それを選択する必要はありません。

相性のいい「エネルギー源」を見分けるには

だって、**心地よくなったり、気分が上がったりすることが「充電されている印」**なんですから。

ですから、本当に行きたいと思う場所に行ったり、身につけているとうれしくなるようなパワーストーンや宝石を選んだりしなければ、エネルギーは自分に入ってこないのです。

逆に、訪れた瞬間に気分が上がるパワースポットや、持っているだけでテンションが上がるパワーストーンや宝石は、あなたにとって相性のいい、そして、エネルギー源となってくれる**「大切なパートナー」**なのです。

「自分のこと」は、自分が一番知っているんですね。


昔、こんなことがありました。

とあるパワーストーンでつくったオブジェを扱っているお店で、そこのオーナーさんが、「あなたには、絶対、この石がいいです！」と、ある商品を選んでくれたんですね。

その時、自分としては、色合いがあまりしっくりきていなかったのですが、「そんなにお勧めしてくれるのなら！」と、勢いで買って帰りました。

しかし、家に帰ってから、それを見れば見るほど、心がざわつきます。

「あ〜、あまり好きなタイプの色合いじゃないから、やっぱり持っていてもうれしくない……」

と、私の心……そう、私の中の神さまが私に言うのです。

そこで、私は、すぐにそのお店に電話をして、返品をし、心からしっくりくる商品を買い直しました。

すると、とっても気分がよくなりました。

返品をしないままだったら、それを見るたびに、心がモヤモヤしていたことでしょう。

モヤモヤした気持ちでいれば、モヤモヤを引き寄せますから、逆にそのパワーストーンを持っていることで、エネルギーの充電どころか、漏電になっていたことでしょう。

誰かの意見に従う前に、自分の中の神さまに、ちゃんとそれでいいのかお尋ねしましょう。

コラム 1

「これって、最高！　感無量！」を体験する

エネルギーの高いものに触れたり、エネルギーの高い場所に行ったりすると、自分のエネルギーがブワッと上がります。

そして、人それぞれ、**「魂が高揚するツボ」**は違います。

先日、友人で作家の浅見帆帆子さんに東京・赤坂のサントリーホールで行なわれる、「炎のマエストロ」こと小林研一郎さんが指揮するチャリティーコンサートに誘っていただいた時のことです。

サントリーホールのPブロックの席で演奏を聴いたのですが、Pブロックはオーケストラの後ろにあり、指揮者の顔が見える位置なんです。

小林研一郎さんの人柄が滲《にじ》み出る指揮も、『ツィゴイネルワイゼン』や『ボレロ』の演奏も、すべて魂が震えるくらいの「鳥肌もの」でした。

そして、演奏が終わって観客が演奏者に向かってスタンディングオベーションをする時に、まるでPブロックに座っているこちらへ向けて拍手喝采《はくしゅかっさい》が送られているような感覚に包まれたんですね（笑）。

なので、「ものすごい素晴らしい世界」を感じることができたんです。

好きなことに全力で打ち込んでいる演奏者の素敵なエネルギーは、会場全体を感動で埋め尽くし、私を含めた来場者にとって最高の**「エネルギー特効薬」**となったのです。

しばらく、私は放心状態になり、過去でもなく、未来でもなく、「今」を完全に堪能《たんのう》していました。

一気に「フル充電」した瞬間でした。

この時、「最高に心地いい波動」が自分からも出ていたので、

「また、『いいこと』がやってきちゃう！」

と確信した次第です。

『神さまとの直通電話』（三笠書房《王様文庫》）にも書いた通り、**自分が心地よい波動を出せば、時間差で、心地よいことがやってきます。**

これは、例外なくそうなっているんです。

だから、「フル充電」すれば、その後、絶対に「いいこと」があるんですね。

「フル充電」した後、どんなことが起きたか、メモしておくと、面白いですよ。

そうすると、

「あっ、これはこれとリンクしていた」

「あっ、これをした後に、これがあった！」

ということが、ハッキリと見てとれます。

そうすると、また「フル充電」したくなりますよね！

私は、たまに「フル充電」をしに、舞台を観に行ったり、大好きな神社に行ったり、旅行に行ったりして、

「あ〜、幸せ♪　感無量！」

という感覚を味わうようにしています。


「最高」「感無量」は、「最高」「感無量」を引き寄せます。

「やったー！」は、「やったー！」を引き寄せます。

その時、心の底から、どういう感覚を持ったのか、これを大切にしてください。

これらの特効薬から得られる「最高！」「感無量！」「やったー！」のエネルギ

ーは一時的なものと思いがちですが、「こまめな充電」を心がけることで、上手に保っていくことができます。

そして、また後で詳しくご説明しますが、エネルギーをうまく保つためには「エネルギーの使い方」を知っておくことが大事になってくるのです。

2章

脇目をふらず「自分のこと」に集中！

……「エネルギー漏れ」を起こさないための心得

1

「意識を向ける先」は自分の好きなこと！

1章で「こまめな充電」について理解していただいたところで、2章からは「エネルギーの使い方」について一緒に考えていきたいと思います。

私たちは**「意識するだけ」**で、人、もの、場所、状況など、あらゆる対象に自分のエネルギーを流すことができます。

たとえ「意識する対象」が自分の目の前になくても、「意識するだけ」で、その対象に自分のエネルギーが流れていくのです。

あなたは、いつも、自分の意識をどこに向けているでしょうか。

「自分自身」に、でしょうか？

それとも、「自分以外のこと」に？

「自分が意識を向けた先」にエネルギーが流れていくのですから、いつも自分の外側にばかり意識を向けていれば、自分のエネルギーは外に流れていきます。

もちろん、エネルギーの流れていく先が、

「大切な人、愛する人」

「自分の大好きなこと」

「周りの人がみんな喜んでくれること」

「豊かで、喜ばしくて、楽しい気分になれること」

であれば、それは素晴らしいことです。

向こうから、あなたへの愛やハッピーな感情、感謝の気持ちが返ってくる可能性も高いでしょう。

しかしながら、

「どうでもいい噂話《うわさ》」

「許せない誰か」

「お金が足りないこと」

「満足できない職場」

といったことを始終、思い悩んでいたらどうでしょう。

そんな「どうしようもないこと」に意識を向けて、何よりも大事なあなたのエネルギーを浪費しているなんて、

「もったいないにも、ほどがある!!」

と、私はお伝えしたいのです。

「嫌いな人、気にくわないこと、納得できないことが頭を離れない……」

そんな時、あなたのエネルギーは、その対象に流れっぱなし、ということになりますからね！

そして、その対象は、あなたが注ぎ込んだエネルギーによって、どんどんパワフルになっていきます。

あなたは、自ら進んで、「嫌なこと」に栄養を与えているのです。

「自分のポテンシャル」を最高に生かすには？

ちなみに、エネルギーの流れのルールは、とてもシンプルです。

それは、

「出したものと同じ種類のエネルギーが、同じだけ返ってくる」

というものです。

たとえば、

「これが好き！」

「素敵だから、ずっと見ていたい！」

「応援したい！」

という愛のあるエネルギーを流せば、愛やときめき、親しみ、いたわりといったポジティブなエネルギーが自分に入ってきますから、何だかこちらも元気になります。

逆に、

「あの人だけは許せない」

「あんなヤツ、不幸になればいい」

「どうして、あの人ばっかり、ずるい！」

といった怨《うら》みや嫉妬《しっと》のエネルギーは、出したら出した分だけ、ネガティブなエネルギーが戻ってきて、自分を苦しめます。

つまり、**エネルギーの世界は「自業自得」**なんですね。

ネットなどで、芸能人を〝けちょんけちょん〟にやっつけるコメントを書く人がいます。こうした人は、自分のエネルギーを〝だだ漏《も》れ〟させているわ、不穏《ふおん》なエネルギーは入ってくるわ、でダブルパンチを受けています。

くれぐれも、ご注意を！

そして、ここでハッキリさせておきたいのですが、本来、

エネルギーとは「愛そのもの」

なのです。だから、使い方さえ間違えなければ、エネルギーのポテンシャルは最大限に引き出されていくのです。

2

「パケ放題」ならぬ「宇宙放題」と契約する

「自分自身の心」と「やっていること」との間にズレがなく、**楽しく自分のエネルギーを使っている人**は、エネルギーが無駄に外に漏れないので、どんどんエネルギーが充電されていきます。

さらに、心地よい状態、テンションが上がる状態になると、**自分の心が「宇宙の周波数」と一致**するので、**宇宙のエネルギー**がブワ～ッとなだれ込んできます。

ちなみに「宇宙の周波数」と一致して「宇宙とつながる」ことは、「本当の自分とつながる」ことと同じです。**「本当の自分」とは、宇宙であり、神さま**でもあります。

自分のことをしっかり見てあげて、自分としっかりつながっていれば、**「パケ放題」ならぬ「宇宙放題」と契約**できるのです！

しかも無料！

この状態で仕事をしている場合は、いくら忙しくても、大変でも、疲弊《ひへい》することはありません。

「好きなこと」をしているとエネルギーが高まっていく

また、何かをつくる時、つくり手のエネルギーも大事なのですが、**「制作している時に注入したエネルギー」**が、とっても大事になってきます。

これは、料理でも、プロダクトでも、作品でも、すべてそうです。

「なんだかワクワクする！」

「みんなに喜んでもらえるかな？」

「これって、やっていて、とっても楽しい！」

という、質のいい、パワフルなエネルギーが注入されれば、それは、とても魅力的なものになり、**人とお金を引きつける磁石**になります。


つまり、人生では**「好きなことをしているほうが、うまくいく」**のです。

だって、「好きなこと」には、質のいい、パワフルなエネルギーを注入できますからね。


そして、エネルギーを注入してつくったものに人気が出て、

「あそこのカフェって、ランチがすごく美味しいし、居心地もいいよね」

「このブランドの服って、着てるとテンションが上がる」

「この化粧品を使っていると、優雅な気持ちになる」

「あの映画、超・泣ける～！　サイコ～!!」

といった具合に、人からの注目が集まってきたものには、「ファンの人たち」のエネルギーが集まってきます。

すると、そのファンの人たちのエネルギーに惹かれて、さらに多くの人が集まってくる、というプラスのサイクルが生まれます。

そうそう、以前、ルーヴル美術館に行った時のこと。あの有名な「モナ・リザ」を観ようと展示室に向かうと――。

なんと黒やまの人だかり！

名画をひと目見ようとする人々の熱気でムンムンしていました。当然、そのエネルギーを受けた

「モナリザ」はさらにしっとりと微笑み、名画をおがめた私は感動エネルギーをチャージしてきました。

お金も人気も「雪だるま式」にふくらんでいく世界

こんなふうに**「エネルギーはエネルギーを呼ぶ」**ので、「好きなことにワクワクしてエネルギーを注入」していると、お金も、人気も、雪だるま式にどんどんふくらんでいくのですね。

地球という場所は、人の興味、関心を集められれば、なんだってできる世界。

自分の好きなことを表現した動画をアップして、すごい金額を稼いでしまうユーチューバーがいますが、他の人から寄せられる興味・関心というのは、「ものすごいパワー」なんですよ。

3 「魔法使いであり続ける」ためのコツ

くり返しますが、「意識」がいつも外側にばかり向いていて、周囲に振り回されてばかりいるなら、あなたは自分のエネルギーを〝だだ漏れ〟させていて、自分のためにきちんと使えていません。

それは、

「魔法使いなのに、魔法が使えなくなっている」

のと同じ状況です。

角野《かどの》栄子さん原作、宮崎駿《はやお》さん監督のスタジオジブリの映画『魔女の宅急便』はご存じでしょう。

あの映画のエピソードを思い出してください。

主人公の少女キキは、十三歳のある日、親元を離れて、「魔女見習い」として修行に入ります。

ですが、ある時突然、ほうきで空を飛ぶことができなくなります。

なぜでしょう。

それはズバリ、**周りの目を気にしすぎてしまったから**です。

周囲の発言や態度を気にしすぎて、自分の心や思考が周りのことに巻き込まれてしまったのです。

すると、エネルギーは意識が向いた方向、つまり外に流れていきます。

本来、自分に使うため、つまり魔法を使うためのエネルギーが使えなくなってしまったというわけです。

わかりやすいですよね！

「シンクロ」は幸運のメッセージ

自分のエネルギーを自分のために使えていない場合、物事がうまくいかないだけでなく、すべてにおいて「タイミング」がズレていきます。

幸運が訪れるサインである「シンクロニシティ（意味のある偶然の一致）」も、全く起きません。

すると、「希望の未来」を引き寄せる力も働きにくくなってくるのです。

エネルギーをうまく使えている人は、シンクロニシティがよく起こります。

「あそこに行きたい！」と思うと、ちょうど飛行機や宿の予約がひと枠、空いていたりするのです。

また、絶妙のタイミングで「会いたい人」にばったり出会ったり、自分が連絡

しようと思っていたら向こうからメールが入ったりします。

「こんな仕事にチャレンジしてみたいな」と思っていたら、そういうオファーが突如《とつじょ》、舞い込んだりもします。

こうしたことはすべて、**「魔法が使えている状態」**と思っていただいてOKです。

つまり、**「シンクロニシティがどれだけの頻度《ひんど》で起こっているか」**で、自分のエネルギーの状態をチェックできる、ということなんですね。

そして、「最近、何だか、いろんなことのタイミングがズレている気がする」という時は、『魔女の宅急便』のキキのように、自分以外のことにエネルギーが流れているのです。

「自分のエネルギーは、自分のことに集中させる！」

これが、「魔法使いであり続ける」ための大事なポイントですよ！

宮古島での「ビックリ仰天シンクロ」とは？

最近、私の周りで、こんなシンクロがありました。

友人が、何人かで宮古島での「とある神事」に出かけた時のこと。

その友人は、香川県の金毘羅《こんぴら》さん（金刀比羅宮《ことひらぐう》）にお参りした時に、参道にあったお店で高さ二十センチメートルくらいの恵比寿天の木彫りの置物と〝運命的な出会い〟を果たしたそうです。そして、なんと、その置物を宮古島にわざわざ持っていったのです。大きいのに！（笑）

友人は、その木彫りの恵比寿天をリュックに入れて、浜辺を歩いていたんです。少し休憩しようと立ち止まり、リュックを砂浜に置いた瞬間、「パキッ」とリュックの中で音がしました。

「あっ!!」

友人がリュックの中を見てみたところ、**恵比寿天が持っていた釣り竿《ざお》が折れてしまっていた**のです。

そして、次の瞬間、みんなが驚きました。

なんと、その友人の足下に、恵比寿天に釣り竿として持たせるのにぴったりな木の枝が落ちていたのです!!

「えーっ!?」

友人は、釣り竿にふさわしいその木の枝を拾って、リュックから恵比寿天を出しました。そして、その手に拾った木の枝を持たせてみたのです。すると、太さや長さ、少ししなっている感じ、色合いなど、すべてが折れた釣り竿よりも、しっくりきていました!!

恵比寿天の手にも、しっくりハマっていて、みんな大いに笑ったそうです。

つまり、「もともと恵比寿天が持っていた釣り竿がバージョンアップされただけ」ということになったんですね。

そして、それはきっと**「もっと大きなものを釣れる」**という、友人へのメッセージだったのでしょう。

実際、その友人が宮古島に行ったのは、「仕事の活動資金を得る」祈願のためだったのですが、なんと、宮古島から帰った後、その資金がすぐに調達できたそうです。

それも、**「想像をはるかに超える額」**が!

4 「関心を向ける」と相手も応えてくれる

さて、「この世のすべてのもの」は、無意識のうちにエネルギーを求めています。

人も、動物も、植物も、場所も、環境も、家も、物質も、例外はありません。

この世のすべてのものは「意識されたい」……つまり**「注目されたい」**のですね。

それは、**注目されると、もれなく、エネルギーが流れてくる**から。

この「人に注目されたい！　エネルギーが欲しい！」という思い。

この思いの強さは、「三大欲求」（食欲・性欲・睡眠欲）と同じレベル、いや、それ以上の人もいるかもしれません。

「自己重要感」をくすぐられると人は弱い

エネルギーは、目には見えないものですが、エネルギーが自分に集まってくるほどに**「生命力」がアップ**し、もれなく**「自己重要感」**も満たされます。

すると、「自分の存在そのものがとても重要」で、「大切にされている」と実感できるようになります。


ちなみに、私たちは誰かから「特別な人」と思われたり、「特別扱い」をされたりするのに弱いものですが、それは「自己重要感」が高まるから。

「あなただけに教えちゃう♡」

なんて言われて、「あやしい話」にコロッとだまされたりするのも、この「自己重要感」をくすぐられてしまったから。

つまり、**「この世のすべてのもの」にとって、「エネルギー」や「自己重要感」は喉《のど》から手が出るほど欲しいもの**なのです。

「エネルギーの交流」でキラキラ輝くコツ

たとえば、こんなことがありました。

少し前、私は、自宅で使うヴィンテージの扉付き本棚を探していました。いそいそとインテリアショップに出かけて、最初に目がいったのは、お店の真ん中に置いてあった本棚でした。

それを「ふ～ん」という感じで見ていると、店員さんが、

「本棚をお探しですか？　でしたら、もう一つ別のものがありますよ」

と、お店の奥のほうに連れて行ってくれました。

そして、見せてもらったその本棚。

第一印象としては、「特にどうということもないかな」と思ったのですが、明るい場所に運んでもらい、試しに扉を開けたり、本を入れてみたりしていると、なぜかどんどん魅力的に見えてきたのです。

最初の印象は、「眠っている感じ」だったのですが、こちらが関心を向け始めた途端《とたん》、**「目覚めてきた」**というか……。とにかく、印象がものすごく変わったのです。

実はこれ、「意識・注目したものにエネルギーが流れる」ことの、まさに好例。

私が「これを自分の家に置いたら、どんな感じかな？」と注目したことで、本棚に私のエネルギーが入り、その本棚が持っていた本来の素晴らしさがキラキラ輝き出して見えたのですね。

このように家も、植物も、ものも、もちろん人も、「人から関心を持たれる」ことでエネルギーが流れると、生き生きし始め、そのものが持っている「本来の魅力」が目覚めていきます。

人間関係でも、**お互いがポジティブな形で関心を持ち、エネルギーを交流させていく**ことで、関係がより深まったり、相手をよく理解できるようになったりします。そして**お互いがキラキラ輝ける**のです。

観葉植物も、「きれいだね」「今日も緑がさわやかだね、とっても癒されるよ」などと声をかけながら手入れをすると、元気になるといいますよね。

反対に、「関心を向けていない」と、人間関係であれば停滞・破綻《はたん》してしまったり、ものであれば忘れ去られたり、埃《ほこり》まみれになったりしてしまうのではないでしょうか。

奥のほうにあった本棚が、まるで「眠れる森の美女」のように「深い眠り」についてしまっていたように……。

コラム2

「あっちの世界」にもエネルギーは流れていく話

さて、「意識を向けた先にエネルギーは流れる」と書きました。ちょっと不思議な話になりますが、実は「あっちの世界」にも、エネルギーは流れていきます。

つまり、**「あの世」に旅立った人にも、守護霊さんにも、神さまにも、意識を向ければエネルギーが流れる**ので、彼らはうれしくなって、元気になるのです。

「本当かなぁ」と思いますよね。

たとえば、神社で祝詞《のりと》をあげるのは「神さまを称《たた》えて、神さまに喜んでいただくため」と言われていますし、密教のお寺では真言《しんごん》を唱えて仏さまに願いを届けようとします。

こうしたことはすべて、神さまや仏さまに「意識」を向けていることといえます。ですから、こちらからのエネルギーがドバ～ッと流れているはず、と私は思っています。

それに、神さま、仏さまだって、私たちの、

「神さまって、すごい！」

「やっぱり頼りになる」

「仏さま、いつもありがとうございます！」

といったピュアな気持ち（神さま仏さまに向けられたポジティブな意識）をエネルギーにしている……と「見えないものを見るチカラ」を持つ友人に聞いたことがあります。

たとえば、

「あそこの神社の神さまは、願いを叶えてくれるらしいよ！」

という評判がたって、その神社にたくさんの人が訪れると、参拝者の信仰のエ

ネルギーを栄養にして、さらに神さまの霊験《れいげん》があらたかになる――というのです。

「こっちの世界」も「あっちの世界」も、エネルギーが循環していることに変わりはないんですね！

3章

心に「ピタッとくる」ことで大開運！

……「エネルギーの好循環」は自分から巻き起こす

1

「本気のエネルギー」の突破力はすごい

自分の人生にしっかりと**「本気のエネルギー」**を使っていると、人生のあらゆる局面において**「しっくりくる」選択**ができます。

それは、どんな人をパートナーに選ぶか、どんな仕事を選ぶかといったことから、今日何を着るか、どんなものを食べるかといった日々の細かいことまで、すべてに当てはまります。

逆に、何だか「しっくりこない」まま、「中途半端」「その場しのぎ」「妥協」「あきらめ」に甘んじてばかりいると、人生がどんどんつまらなくなっていき、自分自身が、スカスカになっていきます。

「中途半端」と「本気」のエネルギーは、「スナック菓子」と「烏骨鶏《うこっけい》の卵」の栄養価と同じくらい、違います。

ですので、しっくりこないままでいると仕事でいいパフォーマンスを提供することもできませんし、素晴らしいプロダクトをつくったり、感動する作品を生み出したりすることなど到底できなくなってしまいます。

無理して「気乗りしないこと」をしない

どんな分野であっても「成功している人」というのは、最初の段階で、**「しっくりくるか」「しっくりこないか」の判断**をしっかりしています。

私たちは、メリットがあったり、ご褒美《ほうび》をちらつかされたりすると、気乗りしない仕事でも、つい引き受けてしまうことがあります。

あとは、「優しすぎて、人の頼みを断れない」とか、「一度『やる』と返事をしてしまったので、やっぱり断りたいけど、言えない、交渉できない」というケースもあるでしょう。

日本人は、「嫌われたくない願望」が強く、「周りに合わせることが美徳！」と教育されていることもあって、自分の「本当の気持ち」や「違和感」を伝えることが苦手な人が多いようです。

しかし、「好きでもないこと」「しっくりこないこと」には良質のエネルギーを投入できませんから、結果として仕事を依頼してきた相手に迷惑をかけることがあります。

だって「最高の仕事」ができないのですから。

心のどこかに違和感を覚えている場合は、先方にそれを伝えてみると、案外、改善、改良の余地が見つかることも多いもの。

いつでも、「伝える」のに遅すぎることはありません。

パズルのピースをはめ直すように「ズレ」を直す

「本来の自分」とズレている時、人は「苦しい」「つらい」「めんどうくさい」という気持ちが湧き出てきて、本来のパワフルな自分のエネルギーを投入できません。

反対に、「好きなこと」にはエネルギーがバシッと入るので、素晴らしい仕事ができますし、エネルギーの質も抜群です！

こんなことがありました。

私は、占い師でもあるので、メディアから、「有名人を面白おかしく占ってほしい」と依頼を受けることがよくあります。

それは、私的にはしっくりこないお仕事でしたが、お受けしていた時期がありました。

しかしながら、「もう限界だ！！！」と思って、ある時からお断りするようにしました。

「本当にやりたいこと」「好きなこと」とズレていたからです。

それ以外にも、手をつけようとすると、気持ちがどんよりするものは、すべて手放していったのです。

それは、仕事、行く場所、人、もの、すべてにおいてです。

そうして、一つずつ「しっくりこないこと」「なんかズレている」と感じていることを手放していくうち、たくさんのことがわかりました。それは、「一つズレると、他のこともズレる」ということです。

たとえば、「仕事がズレていたら、もれなく人間関係もズレている」といった具合です。

ズレとは、たとえば「それはちょっと、おかしいぞ！」と思っているけれど、口に出して指摘できない人間関係や、自分が望む答えを言わせるための質問ばかりをしてくる人。あるいは、望んでいない方向にコントロールされてしまう仕事、または人間関係。さらに、一方がもう一方に精神的、金銭的に、また仕事などで依存していたり、執着していたりなど……。

こうした「ズレ」を修正していく過程では、いろいろな軋轢《あつれき》が生じると思います（笑）。

この軋轢は、ジグソーパズルで違う形のピースが無理やりはめ込まれている感じに似ています。無理やりはめ込まれたピースを外して正しいピースを入れ込んでいくのは、まあ、気持ちがいい作業ですよ！

どんどんスッキリ、しっくりしてきますから！

そして、こう思うのです。

「私、よく、こんな状態でやってたよな〜」って。

「ある意味、たいしたもんだ！」って（笑）。

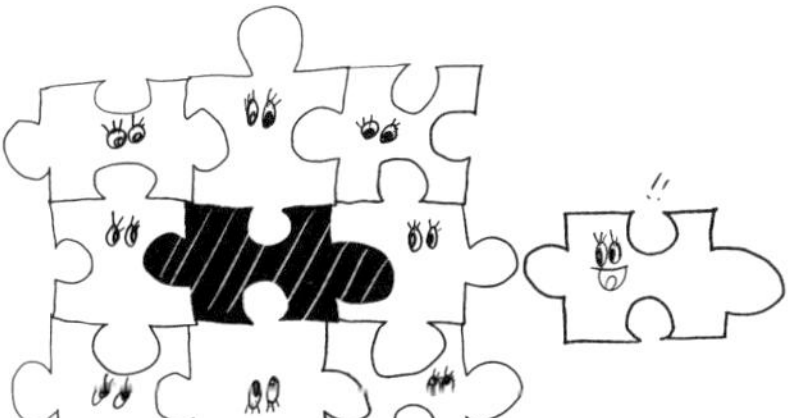

「モヤモヤ、ゼロ」「全しっくり！」でいく

ちなみに、私は「一緒に仕事をする人」を選ぶ時に、「プライベートでも旅行に行ける人」、または「行けるであろう人」というのを判断基準にしています。

つまり、**一緒に仕事をするのは、好きな人間とだけ**と決めました。

そして、それを決めるのは「心の奥の感覚」、あるいは「全身の感覚」です。

「モヤモヤ、ゼロ」
「全しっくり！」

という感覚を最優先することをモットーにしたんです。

すると、どうでしょう。本当にやりたい方向に道が拓《ひら》けてきたのです。

ズレが修正されたからだと思います。

2 望むことへの「経路」に直結できるコツ

「ちょっとした違和感でも、見逃さない」ことを意識していくと、あらゆることに対して自分のセンサーが鋭敏になっていきます。

それは、断食した後に食べ物の塩気、甘み、辛さに敏感になるのに似ています。

私の場合は、違和感にまっ先に反応するのは喉《のど》です。「喉のブレーカーがバチンと落ちる感じ」なのです。

喉には、「自己表現のチャクラ」があります。チャクラとは、サンスクリット語で「円」「車輪」の意で、頭や胸、腹部などにある体のエネルギー循環の中枢《りゅうすう》とされる箇所。だから喉を痛めると「自分らしさ」というものが全然出せなくなってしまうのです。

「体の反応」に敏感になってみると……

人によって、「しっくりこないこと」に反応する体の場所はそれぞれ違いますが、心と体に耳を傾けてあげると、自分の体がどのように反応しているのかがわかるようになっていきます。

腰が重くなる人もいれば、朝起きられなくなる人もいるでしょう。

こうして気づいた「違和感」を整理整頓し、「ズレている」と思うものを手放していくと、最後には「好きなこと」だけが残ります。

すると、エネルギーの漏れがなく、エネルギーの流れもスムーズになるので、**会いたい人、やりたい仕事、行きたい場所、好きな状況、欲しいものとの「経路」が最短**になり始めるんです。

ドラえもんのひみつ道具**「どこでもドア」**のように、すぐにつながれるのです。

客観的にみたら、すごく大きなメリットのある「いい話」で「断るのはもったいないなぁ」と思うオファーでも、自分の心とズレているなら、受けないほうがいいでしょう。

あなたが聞くべきは自分の「心の奥の声」だけです。

もちろんズレを修正して何かを手放す、一見するとメリットのありそうなことを見送るといったことをするには勇気と決断が必要です。

でも、何かを手放してできたその隙間《すきま》には、あなたにとって、もっとしっくりくる人、もの、状況がピタ～ッとはまります。

なので、ズレを放置している状態のほうが、よほど「もったいない！」のです。

もちろん、何がやりたいのかわからない間は、いろいろ試してみて、しっくりくるのか、こないのかを体感していく時期も必要になってくるかもしれません。

そうそう、宮崎駿さんが、とある番組で、こんなことを言っていました。

「世の中の大事なことって、たいてい、めんどうくさいんだよ」

「めんどうくさくないところで生きていると、『めんどうくさいこと』がうらやましいなと思えてくる」

宮崎さんには「めんどうくさいこと」が、心からしっくりきているようです。

自分にとって「正しい道」はどんどんシンプルになっていく

それから、この世には、ある一つの「法則」があります。

それは、**「自分にとって正しい道」は、どんどんシンプルに、どんどん簡単に**

なっていく、ということです。

そして「自分にとって間違っている道」は、どんどん複雑になり、どんどん難しくなっていきます。

また、**「正しい道」とは、「あなたもみんなも楽しむことができる道」**でもあります。

あなたがまるで、**太陽みたいな存在**になれるんです。

3 相手の「言葉のエネルギー」を受け流す？　受け止める？

たとえば、誰かに「ちょっと失礼なこと」をされたとします。

人前でマウンティングされたり、性格を決めつけられたり、思い込みを押しつけられたりすると、

「はっ!?　何言ってるの!?」

という気持ちになりますよね。

相手の失礼な言動に、自分はイラッとした。でも、他の人にとっては関係ないし、むしろ、

「こんなことを思ってしまう自分こそ、性格が悪いのでは……」

と思うことがあるでしょう。

あるいは、仕事のやり取りで、毎回、先方からズレた発言、言い訳などが返ってきて、

「おや!? そうくるか!?」

と、少し嫌な気持ちになることがあるかもしれません。

クールに「確認だけする」

あなたが感じる「ちょっとした違和感」は、実は、あなただけでなく、周りのみんなも感じている可能性が高いのです。ですから、一人で悶々《もんもん》としたり、怒りを溜《た》め込んだりするのではなく、

「この発言って、ちょっと常識から外れてると思うけど、あなたはどう考える?」

「あの人、私にマウンティングしてるみたいですよね？」

などと周りの人にも一度確かめてみるといいでしょう。

この時、悪口などを言い合うと、あなたのエネルギーが違和感を覚えている相手に流れるばかりでなく、その質の悪いエネルギーが自分にも返ってきてしまうので、**「確認だけする」**というのがポイントです。

すると、

「あ！　みんなもそう思っていたのか！」

「違和感を覚えていたのは、私だけではないんだ！」

と安心して、あなたのエネルギー漏れの穴が閉じ始めます。すると、エネルギーの漏れを最小限に留めることができるのです。

「ちょっと嫌味な人」のターゲットになってしまうと、エネルギーをごそっと持っていかれます。

でも、そういう人も、小さい頃から知らず知らずのうちにそういうスタイルできてしまっていて、実は悪気がないことも多いものです。

だからこそ、相手の失礼な態度や言葉には過剰反応せず「確認するだけ」と覚えておいてください。

「ハッキリ伝えてくれる人」は宝物

反対に、「マウンティング」や「失礼なこと」ではなく、こちらのことを思っての「耳の痛い指摘」や「ご意見」などは、ありがたく拝聴したいものです。

相手の「言い方」によってはカチンとくることもあるかもしれませんが、指摘やご意見は**「宝物」**としてありがたく受け取りましょう。

たとえば商売をしている人は、「お客さまの声」や「口コミ」のおかげで商品やサービスをブラッシュアップしていけますし、新しいアイディアを発見していくキッカケにもなります。

「ハッキリ伝えてくれる人」って、とってもありがたいものなのです。

「言いにくいことを言ってくれる！」

「率直な意見を言ってくれる！」

そんな友人が、一人でもいると、本当に心強いもの。


軽い気持ちで話している時に本質をズバリと突く指摘をされたら、

「なんで、あなたにそんなこと言われなくちゃいけないの!?」

と一瞬「イラッ」「ムカッ」とするかもしれません。

しかし、冷静になってみると、その指摘が、さらに**自分を大きく飛躍させるキッカケ**になることも多いのです。

4

「妥協」するとエネルギーが漏れていく

何かを選ぶ時、何かを続けるかどうか迷っている時、「自分に対しての言い訳、説得」が始まったら、「本音」と「やっていること」がズレている証拠です。

なぜなら、自分のしていること、自分の置かれた状況、自分が選んでいるものが「しっくりきている」場合は、自分に対して言い訳したり説得したりなんて、しないからです。

自分への「言い訳」はもうやめる

たとえば、バッグを買ったとします。すごく気に入っていたら、見ているだけで幸せでしょう。

でも、微妙に形が気に入らなかったり、「あっちのバッグのほうがいいな！」と思ってしまったりした場合、自分に対して言い訳が始まりますよね。

「こっちのほうが、軽くて便利！」

「こっちのほうが、いろんな服に合う！」

そう言いながら、別のバッグが脳裏を離れなかったり。

増えてませんか？　自分への言い訳。

増えてませんか？　自分への説得。


仕事、人間関係、もの、場所……。

言い訳したくなる時は、「しっくりくる」ほうへシフトしましょう。


そうそう、買い物をする時に、安いものと、高いものの、二つで迷っていたとします。

もしも、値段が高いほうが「しっくりくる」なら、迷わず高いほうを買うことをお勧めします。

妥協すると、エネルギーが漏れてしまい、知らず知らずのうちに、その「差額分」を他で使う羽目になります。

これ、経験している人、多いです！

あなたも、心当たり、あるでしょう！（笑）

5

「うらやましい相手」こそ、認めてダウンロード

自分より、少し要領のいい人や注目されている人、うまくいっている人が、「どうしても気になってしまう」ことって、ありませんか？

見に行かなければいいのに、ＳＮＳを覗《のぞ》きに行ってしまったり。

そして、投稿や評判を見聞きしていると、自分より楽しそうで、自分より要領がよくて、自分よりよいものを手に入れていて、自分より人気があるように思えてきて、何だか落ち込んでしまう。

それも、同じ業界で働いているなど、自分との「距離」が近い相手ほど、なぜ

か気になってしまいます。

そんな時、

「相手の落ち度を見つけては悪口を言う」
「その人の前では褒《ほ》めて、家に帰ってから悪口を言う」
「相手の芳《かんば》しくない評価を見つけては、安心する」
「自分よりも劣っている点を見つけると、ホッとしたり、自分への慰《なぐさ》めになったりする」

——こんな感じになっていませんか？

「これ……ちょっと待った！！！」

妬《ねた》んでいる相手のことを「あーだ、こーだ」と意識している間は、自分からエネルギーが〝だだ漏れ〟するばかり。

こんな場合、「エネルギーの活用法」として一番よいのは、その**相手を認める**ことです。

そうすると、不思議なことに自分に「いいエネルギー」が流れ込んでくるのです。

「思い」は山びこのように返ってくる

大切なことなので何度も書きますが、エネルギーを出すと、それと同じエネルギーが、山びこのように自分に返ってきます。

ですから、

「失敗しろっ！」

「早く、人気なくなれ！」

「当日、悪天候になれ！」

といった、「人の不幸は蜜《みつ》の味」的なエネルギーを発することは、自虐《じぎゃく》と同じですし、そんなことを思いながら、相手よりも「いい状態」になることは、土台無理な話なのです。

なぜなら、今の相手と同じような状態になることさえも自分に許可していないからです。

だから、「うらやましい！」という思いをかきたてられる相手がいるのであれば、

「その人にできるなら、私にもできる！」

「素晴らしい！」

「大したもんだ！」

くらいの気持ちで認めてしまえばいいのです。

それって、**自分に「その人と同じくらい、いい思いをしてもいい」という許可を出すのと同じこと**なんです。

そうすると、「その人みたいになる」あるいは、「もっと上までいく」ことも可

能になります。

批判している間は、相手の〝うらやましい状態〟を自分のものにすることは不可能ですが、相手を認めてしまえば、自分にもその状態をダウンロードできるのです。

「いいエネルギー」も「不穏なエネルギー」も全部戻ってくる！

まとめますね！

「人に対する思い」は、全部自分に返ってきます。

だから、嫉妬とか、「失敗しろ」とか、「売れないように！」といった黒魔術的なエネルギーは、自分にとって最悪です。

そして、相手のうまくいっているポイントを否定するのではなく、**認めてダウンロード**です。「ムカつく！」じゃなくって、「素晴らしい！」と思うように意識をシフトしてください。

これ、本当に大事なポイント！

何度もくり返しますが、**「いいエネルギー」も、「不穏なエネルギー」も、結局は、自分に跳《は》ね返ってくる**のです。

あなたは、「いいエネルギー」と「不穏なエネルギー」、どちらを受け取りたいですか？

そうそう、弁護士さんに聞いた話ですが、「相手を許せない！」という思いで裁判をした人は、たとえ裁判で勝ったとしても、最終的に不幸になってしまう人が多いとのことです。

「恨《うら》む」よりも、「受け入れて、許す」ようにすると、最終的に、すべてを解決に導くことができるのです。

6 相手の「思う壺」から抜け出す

「自己評価が低い人」は、いつも「下手《したて》に出ること」が習い性《しょう》になっています。

こういう人は、「他人の言うことを聞くこと」＝「いいこと」と思い込んでいることさえあります。

だからでしょうか、「自分はこうしたい！」という意思もあまり伝えません。

誰かに怒られれば、こちらが悪くない時でも謝ったり、「なんて自分はダメなんだ」と卑下《ひげ》したり、相手のご機嫌を取ろうと努めてみたり……。

自己評価が低いと、いじめにもあいやすくなり、いつの間にか人にいいように操《あやつ》られたりもします。

また、「優しすぎる人」「相手の気持ちがわかってしまう人」も、ついつい自分を殺して相手に合わせがちです。

でも、本心はといえば、全く違うのです。

彼らだって「本当はこうしたい！」という希望も願いも心の中にちゃんとあります。

だから、いつも相手に合わせて下手に出ていると、人生がどんどん、苦しくなっていくのです。もしくは、心を麻痺《まひ》させて、その苦しみを「見て見ぬふり」をすることになるでしょう。

また、「嫌がらせ」を受けている人は、「嫌がらせをしてきた人」のことばかり考えるようになるので、あなたのエネルギーはその人のところに流れていきます。

これを**「相手の思う壺《つぼ》」**といいます。

だって、人は、潜在的に「誰かからのエネルギーが欲しい」と思っており、あなたが意地悪な相手のことを考えれば考えるほど、相手はエネルギーを集められるからです。

エネルギーの無料提供をやめる

ここで私が言いたいのは、

「もうエネルギーの無料提供をやめませんか？」

ということです。

本心を言ったからといって、死にはしません。「自分のエネルギー」を「自分のために使う」――それだけの話です。

目に見えるエネルギーである「お金」でたとえますと、今までは、お金を「ばら撒《ま》いていました」もしくは「巻き上げられていました」、それを「ちゃんと自分のために使う」だけの話です。

意味もなく人に奢《おご》ることをやめるのです！

もっと、**「自分の本心」に意識を向けて、そちらにエネルギーを流してあげること。**

それが、本来の「自然なエネルギーの流れ」なのですから。

7

「自分の本心」に忠実に生きる

ここで、惜しまれつつこの世を去った**樹《き》木《き》希《き》林《りん》さん**の話をしたいと思います。

とある番組のロケで、訪問先の人が樹木希林さんにプレゼントを渡そうとしたんですね。ところがその時、彼女は、プレゼントを受け取らなかったのです。

「自分はいらないから！　他に欲しい人がいたら、その人に差し上げたほうがいい」というのです。

私はこの番組を見た時に、「樹木希林さんは、エネルギーの使い方に無駄がないな～」と思いました。

彼女は、周りに振り回されるのではなく、**自分の本心に忠実**なのです。

多分、ほとんどの人は、嫌われたくないので、本当はあまり欲しくないものでも、せっかくなのでお礼の言葉を言いながら受け取ると思います。ちょっと喜んでみせたりして、相手に「気を使う」という姿勢を示しながら。

そして、プレゼントした相手も、自分の善意を「相手にとっていいこと」だと疑わないでしょうし、「本当はこういうのは迷惑かもしれない」とも思わないでしょう。

でも、樹木希林さんのような人に出会うことで、気づきが得られます。

「あっ、これ、私はいいと思ってプレゼントしていたけれど、欲しくない人もいるんだ！」って。

見方によっては、人からのプレゼントを受け取らないのは「自己中」だとか、「人に親切にされたら嘘《うそ》でも喜んであげたほうがいい」という意見もあるでしょう。

「良心」とか「常識」ということを考えるのも大切です。

でも、「エネルギーが漏れているか」「漏れていないか」という視点で見れば、樹木希林さんは漏れていません。

何があっても「我が道を行く」自由さ

もちろん、プレゼントされたものが「自分の好みのもの」ではなくても、喜んでみせることが好きな人もいます。

その人が、そうすることが好きで、しっくりきている場合には、エネルギーが漏れません。

「心で感じるポイント」は人それぞれなので、どこで漏れるかも人それぞれ。

そして、**エネルギーが漏れているかどうかを見分けるポイントは「自分の心に抵抗があるかどうか」**です。

抵抗があれば漏れていますし、なければ漏れていません。

ちなみに、樹木希林さんは、いつも飄々《ひょうひょう》としていました。

味があって存在感のある人って、なぜか飄々としている人が多いような気がします。

それは、「どのようなことが起こっても感情が乱されないから」なのかもしれません。だからこそ、自分の興味があることにバシッとエネルギーを投入できるし、**何があっても「我が道」を行く自由さ**を醸《かも》し出しているのでしょう。

いずれにしろ「自分という人間」をよく知っていると、エネルギー漏れを防ぐことができるのです。

8 こうして自分の人生は研磨されていく

「あれも、これも、やりたい」と、心がさわぐ時があります。

そんな時は、**「あれも、これも、やってみる」**のがいいと思います。だって、何事も「やってみないと本当のところはわからない」し、やってみて初めて、「自分が想像していたのと違う」とわかったりしますからね。

「友人がネットショップをやっていて、うまくいっているし、楽しそうだから、自分も挑戦してみよう」

「キャリアアップしたいから、資格取得の勉強を始めたい」などと、いろいろなチャレンジをするうちに、「得意・不得意は人それぞれ」と知ったり、「やっぱり自分にはしっくりこない」などとわかったりします。

つまり「実際の行動」に移すことで、人生は研磨されて「道」が決まっていくのです。

どんなことを「めんどうくさい」と感じるか

また、好きなことがわからない人は、「やりたくないことを知る」という逆の方法をとってもいいでしょう。

どんなことを「めんどうくさい」と感じるのか、何をしているとテンションが下がるのか。

「料理をつくるのは好きだけど、洗い物は楽しくない」とか、「書くのは得意だけど、話すのは好きじゃない」とか……。

そうした、日常生活の中にある、ちょっとした「めんどうなこと」でいいのです。

それも「気づき」です。

そして、**テンションが下がることは、徹底してやらない!** といいんです。

「全部、一度にやめる」というのは難しいかもしれません。でも、誰かに頼んだり、割り振ったりして、億劫《おっくう》なことを少しずつ減らしていくことで、エネルギー漏れは少なくなっていきます。

そもそも、「やらなくてもいいこと」を「やらなければ!」と思い込んでいることも多いのです。

私自身、「テンションが下がること」は絶対にやらないように徹底しています。するとありがたいことに、「代わりにやってくれる人」が登場したり、「今までやっていなかった人」が「それをやる人」に変身したりするのです。

「エネルギーの巡り」がいい人

自分の好きなこと、やりたいことにチャレンジしつつ、テンションの下がることはやらない人、つまり「自分にエネルギーを使える人」は、誰かにかまってもらわなくても、他の人からエネルギーを奪わなくても、エネルギーが足りています。

さらに、ちゃんと「自分のこと」を意識しているので、エネルギーは自動的に充電されていきます。

エネルギーの巡りがいいのです。

「自分のことを意識する」といっても、自分を責めたり、自分にダメ出しをしたり、誰かと比べたり、ということではありませんよ。

「いい意味で自分に集中している」ということです。

自分を大切にし、自分の人生について、とても建設的に考えることで、気分がいい状態を保つことができるのです。

そのように自分に集中し、自分のエネルギーをしっかり使えている人には、周りの人も、ぽかぽかの陽《ひ》の光をあびているような心地よさを感じます。

自分のことをきちんと見ることもできずに、「外側のあれこれ」に意識が向いてしまっている状態では、みんなのために何かをすることは、できないんです。

自分をちゃんと充電できて初めて、みんなのためになることができるのですね。

コラム3

深刻になったら、「あんたも好きね～♪」

私たち人間は、放っておくと「ストッパー機能」が働いて、ついついすでに過ぎた物事を思い出して、深刻に考えすぎてしまうことがあります。

その時は、「まぁ、いいか」と軽く済ませたことでも、後からイライラしてきたりすることもあるでしょう。イライラしたり深刻になったりと、気持ちがネガティブな方向に傾いていくと、自分の中のエネルギー量が急速に減っていってしまいます。

そんな時は、自分にこう言ってください。

「ちょっとだけヨ、あんたも好きね〜♪」

つい深刻に考えすぎてしまうのは、クセみたいなもの。だから、「また始まってしまった」時は、**加藤茶さんの言葉**を借りて、重くなりそうな気分を、すかさず軽やかなものに変換し、エネルギーの漏れを防ぎましょう。

また、急にビックリするようなことがあった時、考えたところで、どうしていいのかわからないようなことが起きた時、「もうダメかも」と思うような緊迫《きんぱく》した状態の時……。

そんな時は、たとえば、ムーンウォークをしてみるとか、口笛を吹いてみるとか、「そんな時に、それはしないだろう！」ということをしてみましょう。

もしも、それができたら、**「まだ大丈夫なあなたがいる」**ということ。

私は十年ほど前に手術をしたことがあります。その時、手術室に向かう前、テレビ朝日の『タモリ倶楽部』という番組のオープニングテーマであるロイヤル・

ティーンズの『ショート・ショーツ』を聴いていました（笑）。

自分の波動を変えてしまえば、深刻ではないパラレルワールドへ移動することができるのです。

あなたなりに、何かそういうものを日頃からつくっておくといいでしょう。

そこまで深刻な状況ではありませんでしたが、以前、こんなことがありました。ハワイ島で、木々の間に張られたワイヤーロープをプーリーと呼ばれる滑車《かっしゃ》を使って滑《すべ》り降りていく「ジップライン」という遊びをしたことがありました。

私は英語があまり話せないので、遊び方の説明を受けた時、英語での説明が全然わからなかったんですね（笑）。

結構、サバイバル感あふれるアクティビティなので、ちょっと不安になって、「大丈夫かな」と緊張してしまったんです。

説明が終了してから、インストラクターがいろいろな金具を装着するのを手伝ってくれました。

その時、その人は、口笛を吹いて腰を振りながら手伝ってくれたんです。
そんなコミカルな動きを見ていた私は、ほどなく緊張感から解き放たれました。

そうそう、飛行機に乗っていて、いつもより大きく揺れた時に、パイロットがウィットに富んだ機内アナウンスをしてくれたら、乗客の心は軽くなりますよね。
大丈夫だなって!

4章

「出番」が来たら、全力で楽しむ！

……「執着ゼロ」で、エネルギーの流れもスムーズに！

1

「悟りモード」の設定をONにする

小中学校の同級生に、中村くんという人がいました。

中村くんは、小学校の頃は、割と楽しくつき合っていた友達だったのですが、中学校に入ると、中村くんは途中から学校に来なくなりました。

でも、クラスが違ったので、あまり詳しい事情は耳に入ってきませんでした。

そして、卒業式を迎え、卒業文集に載っていた中村くんの作文を読んだ時、私は衝撃を受けました。

そこには、こう書いてありました。

「僕は、中二という駅で電車を降りました」

私は、この一文を読んで、しばらく、かたまってしまいました。

「あ！　その選択肢、私にはない」

「視野」が大きく広がった瞬間でした。
「自分の人生って、自分の自由に生きていいんだな。人生は『自分のもの』だもんな」って。

「次の一手」をどうくり出すかは自分の自由

そう、あなたが人生でどんなことを選択するか――どう感じるか、どう考えるか――は、あなたの自由なのです。同じように、人がどんな人生を生きるか、どう感じるか、どう考えるかも、その人の自由なのです。

たとえば、誰かがあなたに「理不尽《りふじん》なこと」をしてきたとします。

その時、あなたは感情的になってもいいですし、「この人、そういうことをしてくるタイプか〜！」と観察モードに入ってもいいのです。

あなたの心や考え方は、あなたのものなので、**「次の一手」をどうくり出すかも、全くもって自由**なのです。


ただ、相手の言動に自動的に反応して（相手の言動に自分の感情が振り回されて）、「あなたが打つべき一手」を相手に委《ゆだ》ねてしまうと、相手の都合のいいように扱われて、エネルギーは相手に流れるばかりになります。

だから、ちょっと不愉快な目にあった時などは、そのことに一時の感情で自動的に反応せず、感情の一時停止ボタンを押して、「ちょっと上のほう」から自分を眺《なが》めるような気持ちを持ってください。つまり**「エネルギーそのものである自分」に立ち戻る**ようにしてほしいのです。

「噂のハイヤーセルフ」を意識してみる

あなたの「意識」（あるいは「魂」と言ってもいいでしょう）、つまりあなたの「本体」は、実はあなたに「パイルダーオン」しているほうにあります。

「パイルダーオン」とは、アニメによくある、主人公の乗った「操縦ユニット」が「大型ロボット」の頭上にドッキングした状態のこと。

つまり、**「本当の自分」は、自分の頭上にドッキングしている**のです（笑）。

「本当のあなた」は、人生というドラマの中で、自分がどう感じるか、どう考えるかを、好きに選択するスイッチを握っています。

でも、ドッキングの状態がよくないと、スイッチを操作してもロボットの反応が鈍いんですね。電波の状態が悪い時のスマホみたいに。

この状態を修正していくには、日頃からエネルギー漏れをなくしていくことがポイントになってきます。

ほとんどの人は、何か嫌な出来事があると、心や思考がその出来事の中にぐ～っと入り込んで、自分が主人公の「悲劇のドラマ」の中に、完全に引き込まれてしまいます。

だから、感情的になって、いつまでも不愉快な気分から抜け出せません。

これからは、何かイラッとする出来事に出くわしたら、イメージの中で「操縦ユニット」にいる「本当の自分」に戻ってください。

そこにいるあなたこそが「高次《こうじ》の自分」、つまり、**「噂のハイヤーセルフ」**なんです。

その、「噂のハイヤーセルフ」である自分を常に意識していれば、現実で何があっても、その状況に振り回されることはなくなります。

だって、「怒る」「気にしない」「戦う」「話を切

り替える」「笑う」など、どのスイッチを押すか、自分で決められるのですから。「噂のハイヤーセルフ」を意識できるようになると、あなたは**「自分のマスター」**になることができます。「自分という人間」を自由に操作できるようになるのです。

「人生のドラマ」に入り込みすぎない

そして、実は、これが**「悟り」**というものなんです。

厳しい修行なんてしなくても、悟ることができるんです。ビックリ！

本当のあなたに戻ればいいだけなんです。

みんな、「本当の自分」を忘れて、いろいろな自分を演じるドラマに入り込みすぎています。


とはいえ、人生で展開されていく様々なドラマを堪能するために、私たちはこの地球に生まれてきたのも事実です。だから、あまり悟りきってしまうのも、何だかつまらないかもしれません。

ただ、「ちょっとエネルギーが漏れすぎちゃう」場合は、自分を「悟りモード」に設定してしまうといいでしょう。

人間としてのあなたは、出荷当初、「悟りモード」がデフォルト（初期設定）で「ＯＦＦ」の状態になっています。でも「ＯＮ」にカスタマイズできるよ、と知っておいてください。

これ、「知っている」のと「知っていない」のとでは、人生の楽しみ方がまるで変わりますよ！

『ボヘミアン・ラプソディ』の秘密

ちなみに、クイーンの名曲、『ボヘミアン・ラプソディ』の歌詞の日本語訳、読んだことがありますか？

クイーンの詩を読んでいると、人生の「あんなこと、こんなこと」に巻き込まれ、感情と思考がグルングルン状態になって「もうダメ〜」と絶望することがあっても、**「何がどうなろうと、すべてはたいしたことじゃない」**と悟ることができると気づけます。


心底、つらい経験をして、散々グルングルンした後に、

「も〜、やめた！　この経験、この辺で、もういい!!」

と、そのことで悩むのを手放そうと思って力を抜いた瞬間、

「どんなことも、たいしたことじゃない」

と明らかに認めることができるのです。


生きていれば、誰しもいろいろなことに巻き込まれて、「感情の荒波」にのみ込まれ、思考がグルングルンになってしまうことがあると思います。

でも、そんな時、

「この経験、そろそろOKかな」

という境地に到ったら、フワッと楽になることができるんです。
「あっ、大丈夫だ」って。
これが、悟りなんです。
ぜひ、クイーンの『ボヘミアン・ラプソディ』の日本語訳を読んでみてください。

2

自分の「お役目」に全力投球するのは超楽しい！

さて、ここで**「エネルギーの使い方」のプロ中のプロである微生物**についてお話ししたいと思います。「微生物のあり方」を知れば知るほど、自分を自然に生かしていく道、「エネルギーロスのない生き方」がわかってきます。

私が尊敬する、清酒の醸造元、寺田本家の今は亡き二十三代目当主、寺田啓佐《けいすけ》さんの著書『発酵道』（スタジオＫ）も参考にしながら、以下の話を書かせていただきます。

微生物は、「自分にとって不自然なこと、つまり違和感があること」は決してしません。

つまり「自分の役割」を淡々と果たしていきます。

自分の役割に全力投球することが、最高に楽しいのです。

そして、発酵食品などは微生物たちが互いに「自分のお役目」を全力で果たした結果として出来上がるんですね。

さらに、微生物たちは、自分の役目を全《まっと》うすると、そのお役目を次の出番の微生物に引き継いでいきます。バトンタッチするのです。自分の出番がすんだら、サッと退場する、ということです。それも、鮮やかに、かっこよく。

つまり**執着をしない**のです。**「手放し上手」**なのです！

執着は苦悩につながり、与えたり手放したりすることは、幸せにつながる、ということを微生物は熟知しています。

こうした微生物のあり方は**「ひたすら自分らしくしている」ことで自然にうま**

くいく方法を私たちに教えてくれているのです。

無理や我慢は必要なく、「自然に楽しめることだけ」に全力投球すればいいのです。そして、執着しない。

それこそが、「自分らしい道」であり、生命が自然と求める道なのです。

思えば、蟻《あり》もいも虫もミツバチもモグラも、自然界のありとあらゆる生き物は「自分の役割」をしっかり務めているだけです。

そして、私たち人間だけが、考えすぎて悶々とし、本当に心からしたいこと、つまり「自分の役割」を、見て見ぬふりをしているのです。

人間も、自然の一部です。不自然なことをしないで「心が求めていること」に全力投球していけば、一人ひとりが、それぞれの役割を謳歌《おうか》し、素晴らしく発酵した人間になれるのではないでしょうか。

寺田啓佐さんも、こうおっしゃっています。

現在も過去も未来も「いつでも素直に」「あくまで謙虚に」「すべてに感謝して」「ありのまま受け入れていく」という姿勢でさえいれば、あとは何があっても「ありがとうございます」と言うだけで、発酵していくのだ。

――と。

この世に「いらないもの」なんて実はない

微生物といえば、岡山にいる私の知り合いで、土壌や水中、空気中など、その環境にいる微生物をバランスよく活性化させる研究や技術の開発、実験を行なっている人がいます。

その人によりますと、土壌中の微生物が活性化すると、作物が本来持っている**ポテンシャルを最大限に引き出す**ことができるそうです。

たとえば、いちごはものすごく甘くなり、唐辛子はものすごく辛くなります。

つまり、それぞれの「際立った旨味《うまみ》」が倍増し、理想的に育つというのです。

また、その知人たちが関わったラオスでの養豚場の浄化プロジェクトでは、微生物が元気に働くことで、ものすごい臭気が改善したそうです。

化学物質は一切使わず、ただ、**微生物が自分の力を取り戻した**だけで、クリーンな環境になっていったのです。

逆にいうと、微生物まで殺してしまうような薬品は、「自然の原理」に逆らっていることになります。私たちは自分に不都合なもの、いらないものを排除しようとしますが、**この世に「いらないもの」なんて、実はない**のです。

「善玉菌」はよい菌で、「悪玉菌」は悪い菌……などと一概に言うことはできないということです。「善玉菌」が裏で悪いことをすることも、「悪玉菌」が裏でいいことをすることもあります。

すべては「バランス」なんです。

人間と一緒ですね！

3

清々しい気持ちで「手放す」

私たちは、好きな人、好きなことに時間とエネルギーを投入しますよね。

そしてまた、自分がエネルギーをかけた人、仕事、動物、もの……etc.に執着しがちです。

それを手放してしまうと、自分の大事なものを失ってしまうような、エネルギーを奪われてしまうような、そんな気がしてしまうから、「もう、つかんで放さない！」みたいなことになってしまうのです。

でも、実は、「エネルギーをかけた」時に、あなたのエネルギーはすでに相手や対象に渡っているので、「手放す」時にあなた自身のエネルギーが奪われることはないのです。

それに、「いいエネルギー」を流してあげていたら、その時、自分にも「いいエネルギー」が流れ込んできたはずです。

ピュアな気持ちで全力で取り組んだ仕事って、終わった後に清々しい気持ちになりますよね。

「あ〜、終わった〜!!　スッキリした！」という感じ。

それこそまさに、「いいエネルギー」が流れてきたサインなんです。

でも、「あの仕事は私がやったのよ！」とか「あの子は、私が育てたのよ！」とか、「エネルギーをかけたこと」に執着すれば、なんだか深刻な、イヤ〜な空気が漂《ただよ》います。

さなぎが蝶になり飛び立っていくように

執着とは、非常に重いエネルギーなので、向けられた相手にも迷惑だし、自分自身にもその重いエネルギーが流れてくるので、悪循環です。加えて、執着しているものについて深刻に思いつめてしまうと「それ以外の道」も見えなくなってくるものです。

手塩にかけてきたものを手放す時、一抹《いちまつ》のさみしさをグッとこらえて**「自分に集中」し、「自分のエネルギーを高めていく」ことに専念**しましょう。

「あの仕事は終了！　次は何をしようかな」

「あの子は立派に一人立ちしました！　これから私の人生、どう楽しもう！」

こんな感じでいくのです。

そのほうが百倍「いいこと」があります。

すべてのことは移り変わっていきます。さなぎは羽化して蝶《ちょう》になったら、飛び立っていくのです。
微生物に学んで「手放し上手」になりましょう。
それがあなたにも、相手にも、一番いいし、一番自然なことなのです。

「エネルギーの便秘」に要注意！

「不自然なこと」をすると、途端にすべての流れが苦しいものになっていきます。
何かにしがみついたり、何かを縛りつけたりすると、ろくなことがありません。
「停滞」は腐敗への道を辿《たど》ります。
だから、いつでも、どんな時でも、溜め込まずに「出す」んです！
そう、気持ちよく！
知ってました？　腸が健康な人って、心も体も健康なんですって！
「エネルギーの便秘」に要注意！！！

4 「フェイクの状態」を卒業する

あなたがもし、「誰かの理想のあなた」――理想の恋人、パートナー、子供、親、従業員――を演じているなら、あなたのエネルギーはみるみる弱まります。

それは、「本来の自分」ではないからです。

だから、「自分以外の誰か」を演じるのは、もうやめましょう。

「ありのままの自分」を出して人が離れていったら、その人とは「しょせん、その程度」のおつき合いだったのです。

あなたが「ありのままの自分」「私の好きな私」のことを認め、そんなあなたのことを好きになってくれる人と一緒になれることほど、幸せなことはありません。

そうすることで、**あなたのポテンシャルが最高に輝く**からです。

あなたは、「誰かが好きな私」ではなく、「私が好きな私」でいられることを大切にしてください。

「本心を言わない」から関係も崩れていく

ちなみに、相手の気持ちを勝手に想像して、本心を言わないでいるカップルはたくさんいます。

たとえば、本当は映画は一人で見たいのに、そのことを伝えられなかったり、お腹がすいていないのに、ごはんにつき合ったり……。

これ、「絆《きずな》を深める」という意味では逆効果なことが多いです。

「本当は、映画は一人で見たいんだ！」

「本当は、お腹があまりすいていないんだ！」

と自分の気持ちを正直に伝えたほうがいいんです。

言いたいことを我慢している「フェイクの状態」よりも、**「本当のあなた」**でいるほうが、心の深いところで交流し合えるので、相手にとってもうれしいことなのです。

「フェイクの自分」のままでいると、ちょっとズレたジェンガ（直方体のパーツでつくったタワーを崩さないように、一片ずつ抜き取りながら積み上げていくゲーム）のように、最後はガチャン！　と関係が崩れます。

えっ⁉　何⁉

「本当の自分を出すのが怖い」って？

それ、逆ですよ！

「本当の自分でないあなた」でいるほうが、ある意味、怖いです！（笑）
横溝正史《よこみぞせいし》原作の映画『犬神家の一族』に出てくる「白いゴムマスク」を被《かぶ》った人物をなんだか思い出してしまいます（笑）。

そのお面、脱《ぬ》いでくださいね！

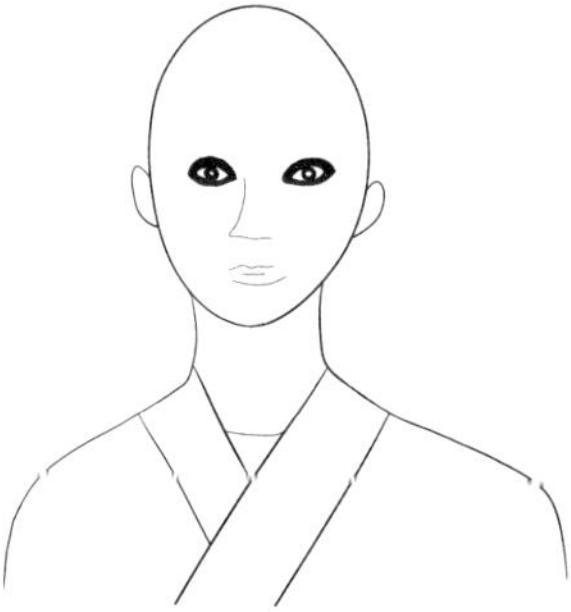

5

「自己中」になることを恐れない

今まで、ずっと周りを気にして、周りに合わせて、周りに気を使って生きてきた人が、自分の心を大切にし始めると、一時期、超「自己中」になることがあります。

そして、周りの人からクレームが殺到することもあります。

「もっと、みんなのことを考えろ！」

「自分のことしか考えていないんじゃないい!?」

などと。

でも、これを言われ始めたら、しめたものです。

ちゃんと、**「本来の自分」を生き始めた証拠**なのですから。

それまで、自分の心とズレすぎていた人は、本当に自分を大切にし始めた時、「自己中の針」が振り切れてしまうほどに「自分本位」になることがあります。

でもそれは、今まで「偽《いつわ》りの自分」を生きていたことに気づき、心が悲鳴をあげているだけ。

そのうちに、きちんとバランスが取れてきますから大丈夫です。

そのまま**「自分の心に抵抗しない」**ことを続けてみてください。

ロープに投げられたプロレスラーのように、そのまま跳ね返っていってください。

今までのあなたは、ロープに向かって投げられても、そのロープを両手でガシッとつかんで、跳ね返ることなくじっとしていたんです。

なになに!?

跳ね返ったら、蹴《け》られる?

蹴られたって、いいじゃないですか!

その「お決まりの感じ」が面白いんですから、プロレスって。


少し、話が脱線してしまいました。

でも、こういうふうに考えていると、

「やっぱり人生は喜劇じゃなきゃ!」

と思いますよね!

違和感は「バトンタッチの時期」を告げている

あなたの「エネルギー値」も「エネルギーの質」も日々、どんどん変わっています。

ですから、今まで仲がよかった人に違和感を覚えることもありますし、今まで居心地がよかった場所でも、居心地が悪くなることがあります。

あるいは、今まで大好きだったことに、それほど魅力を感じなくなることもあるでしょう。

そして、変わっていくあなたを見て、責めるような発言をする人もいるでしょう。

しかし、自分が変化していくことに、罪悪感を抱く必要などありません。あなたのエネルギーが今の状態にしっくりこなくなっただけ、ズレが生じてきただけなのですから。

そんな場合は、我慢せずに、変化に向けて動いていきましょう。

いつも、いつでも、「しっくりくる」を大切にすることが、あなたのエネルギーを素敵に使うコツです。

もし、これまでの仕事やお役目が「しっくりこない」と感じるようになったのであれば、今あなたが座っている席に、次の人が座る番なのです。

微生物を思い出してください。自分の役割が終わると、ちゃんとバトンタッチをしていきます。

違和感が生じたら、バトンタッチの時なのです！

6 「エネルギー泥棒」から身を守るコツ

2章で、人から関心を持たれたり意識を向けられたりすると、自分にエネルギーが流れてくると書きました。

つまり、ちょっと強引に、あるいは「感心しないやり方」であっても、人の気を引けば、エネルギーを得ることができる、ということです。

こうしたやり方でエネルギーを盗まれることがないよう、よく気をつけてください。

たとえば、次のような人は「エネルギー泥棒」ですから、要注意です。

◆人をいじめる人、高圧的な人
◆怒ったり、大きい声を出したり、当たり散らしたりする人
◆「こんなにかわいそうな私！」「こんなに忙しい私！」「こんなに大変な私！」「こんなに体調が悪いのに頑張っている私！」をアピールする人
◆人前でマウンティングする人
◆自分のことばかり延々と話す人
◆なかなか話をせず、もったいぶって、自分に注目を集めようとする人
◆奇をてらう人、「不思議ちゃん」や「無知」を装う人
◆愚痴、悪口、泣き言ばかり口にする「被害者モード」の人
◆人の話を途中で奪ってしまう人
◆「気のあるそぶり」をする人
◆明るく元気な人、楽しそうにしている人を非難する人
◆うまくいっている人に対して「調子に乗っている」などと難癖をつける人
◆自慢話が多く、人をうらやましがらせたり、驚かせたりする人

◆必要以上に相手に気を使ったり、褒めたり、尽くしたりする人
◆「おまえは何をやってもうまくいくわけがない!」と洗脳し、コントロールしようとする人
◆言葉尻《じり》や言い間違い、ちょっとしたミスなどを見つけては、相手をみんなの前で馬鹿にしたり、責めたりする人
◆昔の失敗をいつまでも話題に取り上げて、相手に罪悪感を植えつける人

以上、例を挙げましたが、「エネルギー泥棒」たちは、無意識とはいえども、相手から取ることばかり考えているので、エネルギーの使い方が、前述した微生物と全然違うのがわかると思います。

もしも、「今、自分はエネルギーを盗まれている!」と思ったなら、その人と距離を取るなり、今までの選択の仕方や行動を勇気を持って変えて違う環境に行くなりして、意識をその人から遠ざけて、振り回されないようにしてください。

ちなみに、エネルギー泥棒の言動で、あなたの意識が振り回されたり、なんだか疲れる！　ということがなければ、エネルギーを吸われることはありません。

そのためには、自分の意識を自在に操ること、つまり、悟りモードをONにしておくことが大事になってきます。

そして、間違っても、「エネルギーを奪われたから、自分も誰かからエネルギーを奪わなくては！」なんて思わないこと！

「ゾンビに襲われた人がゾンビになっちゃう」……みたいなことは避けたいものです。

「悪役」にも意味がある

ただ、「エネルギーを吸うほう」と「吸われるほう」は、実は互いに引き合っているという側面もあります。

「自分にちょうどいい相手」が、自分の目の前にやってくるものだからです。

そして、**あなたが出会う人は、実はすべてあなたに必要な人**でもあります！

この世に、「必要ではない人」はいないのです。

あなたと出会う人は、「あなたに何かを気づかせるため」に登場します。

今あなたを困らせている「エネルギー泥棒」「ゾンビ」は、もしかするとあなたの選択と行動を変える「キッカケ」として登場してくれたのかもしれません。


また、「嫌な出来事」があったとしても、必ず、その後に成長、進化をもたらします。


すべての出来事は、あなたに必要な出来事だからです。

そして、最後は、そんなゾンビと仲良くなって踊っちゃえばいいんですよ！

マイケル・ジャクソンの『スリラー』みたいに！

あなたの人生の主役はあなたなんですから！！！

人生の最後に、エンディングロールが流れるとしたら、あなたの人生に登場したすべての人の名が、あなたの人生のテーマ曲と共に表示されるでしょう。

そして、あなたは気づくはずです。

あの時、「とんでもない悪役だ」と思っていた人が、「最終的には、いい役だった!」と。

5章

「願いが叶うこと」は確定ずみ！

……すべてのことは「引き寄せ」可能

1

「策略を巡らす」より大切なこと

自分はエネルギーを出し惜しみして、人からは抜け目なくもらおう、得をしようとする人は、結果的にあまり大きなエネルギーを得られません。

それ、逆ですから!!!!

うまくいく人は、最初に、自分から、いいエネルギーを出しています。

そうです！

こちらが出したエネルギーと同じ種類のエネルギーが入ってくるのでしたね！

だから、うまくいく人は、さらにいいエネルギーが満ちあふれ、素敵なことが次々引き寄せられる、というわけです。

「素敵なエネルギー」が勝手に広がっていくコツ

見返りを求めず、エネルギーを自分から与えていくと、いつの間にか周りから感謝されるようになります。すると、誰かが「いいご縁」をつないでくれたり、「いい評判」を立ててくれたりして、素敵なエネルギーが勝手に広がっていくのです。

特に仕事などでは、そのことを如実に体感できます。

たとえば、私の友人は、職業を一言で説明できない人たちばかりです。

彼らは「その人にこの人をつなげたら、面白くなりそうだ！」と思って人を紹介したり、「この人に、この情報を伝えたら喜ぶだろう！」と考えて伝えたりしているうちに、自然と「いいご縁」が巡って、面白い仕事がスタートしています。

でも、彼らは**「ただ、楽しくて」やっているだけ**なんです。

そこに何の策略もないのです。

それを見ている人たちは、みんな不思議がって、私に聞いてきます。

「あの人って、いつも旅行ばっかりしているけど、何をして食べているの？」と。

こんなふうに聞かれると、返答に少し困るのです（笑）。

「職業○○」というのがないし、「楽しいから、やっている」というエネルギーの流れを説明したところで、あまり理解してもらえないからです。

私の友人たちは、ただ、**自然の流れに従っているだけ**なのです。

微生物のように。

心をメインに生きると、自然とこうした流れに乗っていく人は増えていくでしょう。

まとめますと、欲しいエネルギーがあれば、それと同じ種類のエネルギーを先に出すこと！

楽しいエネルギーを出していくと、あなたに楽しいエネルギーがやってきます。

すると楽しいこと、楽しい人が集まってきます！

楽しいね！！！

2 思ったことは、そうなる

イラストレーターのトシダナルホさんという友人がいます。
彼女は、専門学校でイラストの先生もしています。
そこで、このように生徒に教えているそうです。

「白い紙の上では、あなたが神さまだから、自分でルールをつくっていい！」

それを聞いて、私は、思いました。

「あ～、人生もそうだよね！」って。

生まれる前に、「これだけは必ず体験する！」と決めてきていることだけは「運命」として決まっていますが、それはせいぜい、いくつかです。

あとは、**自分が神さまとなって、ルールをつくり変えていけばいいだけ**なのです。

つまり、**あなたの人生は、実はすべて、あなたが自由に決められる**のです。

これを知っているのと、知らないのとでは、人生が一八〇度違ってきます。

世の中の「成功者」と言われている人は、ほぼ全員が、このことを知っているといっても過言ではないでしょう。

私の知り合いの社会的に成功している人も、ふと、こんなことを口にしていました。

「だいたい、思ったことはそうなる」

この言葉を聞いた時、

「ふむふむ！　この人も、やはり、知っているな！」

と、私は確信しました。

「指示待ちさん」を卒業する

前述した通り、ほとんどの人は、人生を自分でカスタマイズせずに、「初期設定」のまま過ごしています。あるいは、誰かに設定されたまま、あるいは過去に自分が設定したままの状態で生きています。

これ、本当に、本当に、もったいないです。自分の人生なのに。

で、一番もったいないのは、子供の時に外側から誰かに設定されたままの状態でいる場合です。親や先生にされた設定が、大人になっても「そのまま」なんです。

こういう人は、目上の人の言うことを聞いて忠実に動く「労働者」になることはできても、また立派な「指示待ちさん」になることはできても、ふと、我に返った時に、

「自分が何者なのかが、よくわからない」

「本当にやりたいことがわからない」

となってしまうことも……。

つまり、自分の本当の心を見つめてみた時、「違和感満載」ということに気づいてしまうのです。

もしも、「自分の人生、何かが違う！」と感じているならば、

もしも、「本当の自分を生きたい！」と思うならば、

もしも、「願いをどんどん叶えていきたい！」と思うならば、

今すぐ、人生をカスタマイズして、どんどんアップグレードしていきましょう。

そうそう、ＰＣやスマホをアップグレードすると、一度、再起動が必要ですよね。

私自身も、自分をアップグレードすると、すごい眠気に襲われます。

再起動か!?

3

「先に決める」から願いが叶っていく

それでは「アップグレードの仕方」を説明しましょう。

まず**「自分は、こうなる！」と、決めてください。**

もちろん、**あなたの好きなように決めていい**のです。

以上！

これ、アファメーションに似ていますね（アファメーションについては、私の著書『神さまとの直通電話』をご参照ください）。

しかし、アファメーションのように何度も口に出してくり返すことはしません。一度でＯＫです。その代わり、自分を本気で信頼すること。

たとえば、やりたい仕事があったら、「その仕事をやる！」と決めてください。

誰かと会いたいなら、「その人と必ず会う！」と決めてください。

そのマンションに住みたいのなら、「そのマンションに住む！」と決めてください。

兎《と》にも角《かく》にも、「先に」決めます。

セットアップするのです！

この時、遠慮は無用です。

モテたければ、**「モテる！」**と決めます。

誰からも大切にされたいなら、**「いつも特別扱い！」**と決めます。

「自分と会った人は、必ず開運する！」とかも面白いですよね！

また、何か変化が起きて不安になってしまった時は、**「この変化は、さらによくなるためのものである！」**と決めます。

夢を「マイナス方向に上書き」されない方法

あくまでも、あなたの人生の創造主は、あなたです。

私たちは、生まれた瞬間に記憶をクリーンアップされてしまうので、忘れていますが、本来は、何でもできる存在なんです。

ですから、どんどん、好きに決めてください。

「決める」ことで、実現に向けてのプログラミングが自動的に行なわれていきます。

とはいっても、「絶対、無理でしょ……」と、自分が決めたことを邪魔する自分が出てくる場合があります。

そんな時は、**「私の決めたことを邪魔する考え方は、無効になります！」**と決めてください。

注意点を挙げるとすれば、「そんなの無理でしょ！」などと言う友達には相談したり、夢を語ったりしないこと。

もし、その友達と頻繁に会わなければならないならば、あなたが決めたことに関しては、「言わないでおく」ほうがいいでしょう。

あなたが決めたことが、その友達によって「上書き」されてしまわないようにするためです。

一方、応援し合える友達と夢をシェアするのは、とても効果的です。お互いが夢を叶えやすくなりますし、叶う速度も上がります。

定期的に会って、**「できる！　できる！」と言い合う**ことをお勧めします。

「先に決める」と本当に早い！

ここで、一つ、ご紹介したいお話があります。

ユーチューブに、十段の跳び箱を跳ぼうとする園児の動画があります。
みんな必死で応援しますが、いくら挑戦しても跳ぶことができません。
しかし、諦《あきら》めないで、涙を拭《ふ》きながら、何度も立ち向かっていきます。
でも、やっぱり跳べません。
その時です！
園児の仲間たちが、その男の子に向かって走り出し、円陣を組みました。
そして！　なんと、みんなで、その男の子に向かって、
「できる！　できる！　できる！」
と言い続けたのです。

その声援を聞きながら、園児は再度チャレンジし、見事に跳ぶことができました。そして、みんなで感動の涙を流しました。

このように、**「先に決める力」は、すごい**のです。思い出してください。「先に決める」のは、私たち人間、全員にできることなのです。

「先に決める」と、本当に叶うのが早いですよ！

びっくりするくらいに。

実験してみてくださいね。

「ショックなこと」はアンインストールする

そうそう、恋愛において、こんなふうに言っている人をよく見かけます。

「好きじゃない人にばかり好かれる！」

こういう人は、**「自分が好きになった人にすごく好かれる！」**と決め直すといいですよ。

それから、一回嫌なことが起きただけで「この服を着ると、嫌なことが起きる」と決めてしまう人がいますが、こういう時も「決め直せばいいだけ」です。

また、占い師、霊能者などに、ショックなことを言われて落ち込んでいる人がいますが、それ、危険です。

ちゃんとした占い師、霊能者は、人を落ち込ませることは言いません。

落ち込むようなことを言われたら、あなたが、ちゃんとそれをアンインストールしておくこと。

あなたの人生のシステムエンジニアはあなたなのですから、他の人に勝手にシステムをいじらせないように！　言っておきますけど、「人を落ち込ませるような言葉」って、スパムメールと同じですからね！

ここで、クイーンのボーカル、フレディ・マーキュリーの名言をご紹介しましょう。

「僕はいつだって自分がスターだと知っていた」
「とてつもなくビッグになると思っていたし、実際そうだった」

この言葉からもわかるように、彼も、先に決めていたのですね！

4

「黄金パターン」を自分でつくる

今までに、

「ここに行った後に、いいことがあった！」

「この指輪をしていったら、すごくいいことがあった！」

「時計を見た瞬間、一時十一分だった場合は、うまくいく！」

などという経験はありませんか？


こんな時、「ただ、そうだった！」で終わらせず、あなただけの**「うまくいく**

黄金パターン」にしていきましょう。

「それをすると、いいことが起こる！」と決めていいのです。

そうすれば、あなたにとって、それは、いいことが起こる「黄金パターン」になります。

「先に決める！」という話でもお伝えしましたが、「黄金パターン」も自分の思った通り、好きなようにつくっていいのです。

「黄色いパンツをはいていくと、商談が成立する！」など。

楽しく、プログラミングしていきましょう。

大学受験に効く「赤いトレーナー」

昔々、私の兄は、大学受験の時に、赤いトレーナーを着て行ったんですね。

そうしたら、テストの出来がとてもよかった様子で、他の大学の受験の時も、必ず、その赤いトレーナーを着て行きました。

すると、全部受かったんです！

その時、兄は、

「この赤いトレーナーを着ていくと調子がいい！」

と言っていました。

当時の兄にとって、赤いトレーナーが「黄金パターン」になっていたんですね。

5 もれなく「いいこと」を起こすプログラミング

さて、自分で「これをこうする！」と決めると、プログラミングが開始されます。

ここで、私がプログラミングした話をいくつかご紹介しましょう。

◆本棚にプログラミングした話

2章で書いた本棚を買った時に、私は「この本棚は、自分の著書で埋め尽くす！」と先に決めました。すると、その本棚を買ってから出版の話が殺到し、出来上がった本をそれぞれ数冊ずつ入れていくと、わずか一年ほどで、その本棚は自分の本で埋め尽くされました。

◆家にプログラミングした話

住んでいるマンションに、窓から見える景色がよりよい部屋を見つけた私は、「あそこの部屋に引っ越す！」と決めました。

すると、なんということでしょう。直後にその部屋の人が引っ越しし、そこに移ることができたのです。

◆大好きな歌手にプログラミングした話

子供の頃から大好きな歌手がいるのですが、「普通に会える！」と決めちゃいました。

すると、友達が、その歌手と親友であったことがわかり、普通に友達になることができました。現在は、毎日ＬＩＮＥする仲です。

ワクワクしながら「ただ決める」

ちなみに、「人に会う」というプログラミングが、私は少し得意なようです。得意分野は人それぞれで、食べ物のプログラミングが得意な人もいれば、物質のプログラミング、状況のプログラミングが得意な人もいます。

私の場合、「この人に会う！」と決めると、必ず、その人の親友のような人が私の前に登場し、こちらがその話題を出さずとも、その人の話題を振ってくるのです。

こんなことは、今までに何度もありました。

私はそんなに社交的ではないし、人にもあまり会いません。「それにもかかわらず」です。

先日も「会いたい！」と思う人がいたのですが、その人は数年前に、この地球からいなくなってしまいました。

すると、なんとその人と、見た目、雰囲気、さらに「よく笑うところ」までがよく似た「そっくりさん」に出会うことができました。

もちろん、中身は全然違う人なのですが、その人に出会うことで、私の人生はよい方向へ導かれていったのです。

その結果、「会いたい人」に会ったのと同じ状態になりました。


それから、「そうなりたい！」と思いながらも、一〇〇パーセントではなく、九〇パーセントくらいの「腑《ふ》に落ち具合」で設定した時は、ちょっとズレた結果が訪れました。

それは、「一文字違いのものがやってきた」というような具合で、つい笑ってしまったほどです。

楽しいし、簡単なので、あなたもどんどんプログラミングにトライしてみてください。

ポイントは、「何がなんでも」という感じではなく、**「ただ、決める」**だけにしておくことです。

そうそう、こんなことがありました。

霊能者の友人のクライアントで、「王冠を見ると、『いいこと』があるんですよね～」と言う人がいたそうです。

そのクライアントの悩みを聞いた友人は、直感的に私の本『神さまとの直通電話』を読むといいとアドバイスし、送ってあげたそうなんですね。

すると、そのクライアントは、それを見て、「いいことがある！」と確信したそうです。

なぜなら、「王様」文庫ですから、裏表紙に、もれなく、王冠マークが描かれているのです（笑）。

絶対、「いいこと」ありますね！

6

「ボルテージの高まり」を生かしきる

「今すぐ伝えたい！」

「今すぐやりたい！」

「あ、今言わないとダメだ！！！！」


こんな気持ちになったことはありませんか？

これはエネルギーが活性化している証拠なので、時をおかず、今すぐ伝えてください！　やってください！

すると、その気持ち、衝動が生まれた瞬間のエネルギーが、ストレートに伝わります。

特に創作活動をしている人は、「今！　伝えたい」というボルテージが高まった時に感じたことや、思いついたことをブワ～ッと作品に落とし込んでいってください。

これが一番、**エネルギーが乗る**のです。

作家さんの場合は、その時にメモって後で書こうとすると、その高まった瞬間のエネルギーが少し落ち着いてしまいます。

だから「今すぐ」が大事！

できれば、**「キター!!!」という瞬間にブワ～ッと出し切ること。**

素晴らしい作品ができ上がりますから。

「意識のスピード」と「行動のスピード」をリンクさせる

今の時代は、アイディアを思いついたら、すぐにLINEで送れるし、全員が同じ場所に集合しなくても、どこでも会議ができますよね。

「伝えたい！」という衝動が起こったら、後回しにしないで、エネルギーが高い今、すぐ伝えること。

きっと、「その後の展開」にも、いい意味で影響します！

「今」のエネルギーを上手に使って、輝いて生きている人は、思いついた時に、すぐにそのアイディアを送りますし、送ってきます。返信も早いです。

「意識のスピード」と「行動のスピード」がリンクしているのですね。

先日、NHKの『プロフェッショナル 仕事の流儀』という番組を観ていたら、出演していた方も「エネルギーのスペシャリスト」でした！！！

ブランディングプロデューサーの柴田陽子さんです。

スタッフの人が、「柴田さんは、思いついたらすぐにＬＩＮＥを送る」と言っていました。

エネルギーの高い人は、すべてが速いのです。

6章

「神さまと同じエネルギー」があなたにも！

……時には「大放電」することも許そう

1

「感情のガス抜き」はしっかりと

「感情のエネルギー」を心の奥に溜め込みすぎると、体が蝕《むしば》まれます。

ムカつく、悲しい、ヒドい……こんなマイナスの感情を溜め込んで苦しくなるようなら、**心の蓋を開けて、気持ちを吐き出してもいい**のです。

ずっと、誰かに何かを言うことを我慢してきた人は、自分の感情を口にするのは怖いと感じると思います。それはまるで、蓋が錆《さ》びついて、ちょっとやそっとでは開かないビンに感情を閉じ込めているようなもの。

しかし、ここは、清水《きよみず》の舞台から飛び降りるくらいの覚悟で、エイッと蓋を開けてみてください。

ネガティブな感情エネルギーの吐き出し方は、人それぞれでいいんです。

スポーツという形で出す人もいます。

私が高校生だった時、彼氏に振られた友達は、体育の時間に大きな声を出したり、体を動かしまくったりして、「悲しみのエネルギー」をきちんと発散できていました。

そうそう、買い物をして、お金というエネルギーを使ってエネルギーを外に流す人もいます。あとは、飲みに行ったり、バカ食いしたり、あるいは、旅行に行ったり……。

やってみて、とてもスッキリするなら、それがあなたにとって「いい方法」です。でも、スッキリするからといって、ところかまわず当たり散らして、人に迷惑をかけたりしないでくださいね。

「ダークサイド」に落ちないために

ちなみに、放電するようにエネルギーを外に出せる人は、鬱《うつ》にはなりません。鬱になってしまう人は、感情エネルギーを、自分を責めたり、追い込んだりする方向に使ってしまいます。

鬱が治ってくると、怒ることができるようになりますが、それは、今まで溜め込んでいた感情エネルギーを外に出せるようになった証拠。

エネルギーは、「いい方向」にも「悪い方向」にも使えます。

だから、「鬱屈《うつくつ》した思い」を溜め込んで、『スター・ウォーズ』のダース・ベイダーみたいに「ダークサイド」に落ちないよう、要注意！

ここで、二つの話をご紹介したいと思います。

一つめは、高校の時の同級生の話です。彼女は、自分の子供と定期的に「言いたいことを言い合う」時間を設けています。

母親も子供も互いに、「あなたのこういうところが嫌だ！」と面と向かって言い合うのです。

すると、お互いにスッキリするようで、まるで親友のような関係を築けています。

これは、相手を変えたり、コントロールしたりするために行なうのではなく、ただ、「私は、あなたのそういうところを見て嫌な気持ちになった！」と互いに報告し合う儀式です。

もう一つの話です。

奥さんと別居中だった知り合いが、最近、復縁を果たしました。「お互いの価値観が違う」という事実をきちんと話し合うことで、受け入れることができたからだそうです。

知人は、こんなことを言っていました。

「家族は、一人ひとりが、どこかの国の大統領で、それぞれの国の国民にちゃんと支持されているんだ！　すべてを理解することなんてできないけれど、大統領同士うまくやっていければいいじゃないか！」

と。

「家族平和条約」を結んだ後の発言でした。

素敵ですね！

2 エネルギーが〝あり余っている〟人へのアドバイス

私は、「占星術研究家」でもあります。天体は常に動いていますが、自身のホロスコープ（生まれた瞬間の天体の配置）と、天体の角度によって、過去を検証したり未来を予測したりするのが占星術です。「占う対象のホロスコープ」と「今、動いている天体」とを重ね合わせ、どの天体がどの位置にあるかによって様々な現象が現われると考えるのです。

そして、生まれ持ったホロスコープによっては、**「エネルギーの使い方が極端な人」**がいるな、と思っています。

たとえば、「すべてをひっくり返すパワーを持つ」冥王星《めいおう》と、「瞬発力でドドド〜ッと行動する」火星が、直角など特徴的な角度の配置になっているホロスコープの持ち主がそうです。

このような「星のめぐり」を持つ人は、他の天体からの刺激や人との相性により、**自分でも抑えられない「衝動エネルギー」**が急に湧きあがってくることがあるんです。

"普通"では収まりきらない人の身の処し方

こういう人は、その怒濤《どとう》のようなエネルギーの「使い道」が見当たらないと、暴れ馬状態の自分をもて余してしまうことがあるんですね。

すると、体調を崩したり、誰かに当たったり、喧嘩《けんか》したり、誰かをコントロールしたりと、その強烈なエネルギーをおかしな方向に使ってしまいがちになります。

天体だけでなく、手相などでも同じです。強いエネルギーを持つとされる手相の持ち主は、普通のサラリーマンやOLさん、主婦などでは収まりきりません。我慢し続けていれば、やはり、あり余るエネルギーが欲求不満を引き起こすのです。

ですが、「衝動エネルギー」が強い人も、何らかの形で「好きなこと」に自分のエネルギーを投入していくと、素晴らしい方向にシフトしていけるのです。

たとえば、俳優になって「極悪非道な役」を演じることで、普段は穏やかでいられたり、レーサーになってサーキットを駆け抜けることで、日常では安全運転ができたりします。

「持って生まれたエネルギー」が極端に強い人は、何かの分野に献身・傾倒していくことで、スペシャリストやカリ

スマになったり、際立った才能を発揮したりすることができます。

エネルギーって、要は「使いよう」なんですよね。

ストレスとは、「あり余るエネルギー」の使い道がズレている場合に生じやすいものなのです。

「理想の自分」になる裏技

ここで「理想の自分」になるための「裏技」を伝授します。

「すでに理想の自分になっているとしたら、どんなエネルギーの使い方をするか」

を考えてみるのです。

というのも、「理想の自分」がするであろうエネルギーの使い方をすると、現実が後からついてくるからです。

理想の自分はどんな考え方をして、どんな生活環境にいて、どんなファッションに身を包み、どんな行動パターンをとるでしょうか？　このように考えて、先に「エネルギーのチャンネル」を合わせておくのです。

すると、今気に障《さわ》っている「あのこと」や、問題だと頭を悩ませている「あのこと」などを、多分、「気にも留めない」ようになるのではないでしょうか？

そういうことも含めて、「理想の自分」になりきってみること。

「いつも自由な感じの人」がいいのか、「いつも忙しく仕事をバリバリしている人」がいいのか――どんな状態が理想かによっても、エネルギーの使い方は違ってきますね。

そして、使い方は、一度決めたとしても、後から変えることも自由です。

3 「周りの人たち」を見ればわかること

あなたが自分のエネルギーをしっかり使って、**「自分を堪能」**していると、あなたの周りにも、同じように自分のエネルギーを有効活用できている人が増えていきます。

山登りを想像してみてください。

自分の人生を堪能している人たちが、どんどん上に登ってきます。

それぞれ、「登るルート」は違いますが、山頂付近になるほど、**「自分本来の**

道」を開拓して登ってきた人がたくさんいます。

そういう人たちは、一歩ずつ、着実に、時には道ばたの花に癒《いや》されたり、ヘビに遭遇して驚いたり……などしながら歩いてきました。

だから、顔つきも、何だか「すごくいい」んですね。清々しいというか、覚悟がある、というか。

ですから、**周りの人たちを見れば、自分が「本来の道」を辿っているかがわかる**のです。

折に触れて、周りを見て確認してみましょう。

また、知り合いの知り合いが自分の知り合いだったりと、不思議と出会うメンバーがかぶってくるようにもなります。

人生の「要所」で見本を示してくれる人

そして、あなたがさらに次のステージ、山でたとえると一合目から二合目、二合目から三合目などに進む時、「あなたより先を歩んでいる素敵な人」が、要所、要所で必ず登場します。

そして、あなたに「見本」を示してくれるでしょう。

それを見逃さないように。

そういう人を見つけるためのヒントは、あなたが、

「話を聞きたい！　お会いしたい！」

と思う人がいないかな、という気持ちで生きていく、ということです。

4

「経営の神さま」からあなたへの質問

「経営の神さま」と呼ばれる松下幸之助さんは、人を採用する際に「あなたは、運がいいか」と質問をしていたそうです。そして「YES!」と答えた人しか採用しなかったことは、あまりにも有名です。

なぜなら、**「運」のよし悪しって、伝染する**から。

「運のいい人」と一緒にいて、その人の言葉、行動、習慣などに触れていると、自分も自然と運がよくなる言葉、行動、習慣が身につくんです。

だから松下幸之助さんは自分の会社に「運のいい人」を集めて、「運のよさ」をたくさんの人に伝染させ、さらに会社を発展させようとしたんですね。

「自分も運がよくなりたい！」と思うなら、一番、手っ取り早いのは、「最高に運がいい人」と寝食を共にすることなんです。

「運がいい人」に限らず、「こんな人になりたい！」と思う人がいたら、なるべくそうした人のそばにいて、その人のエネルギーをあびているといいんですね！

ちなみに、私の祖母は、画家で、占いもできる人でした。

しかしながら、子供の頃、祖母と一緒に住んでいたのにもかかわらず、私は大好きな絵も、占いも何一つ教わっていなかったんです。

一緒に画材屋さんに行ったり、祖母が絵を描いているそばで遊んでいたりはしましたが……。

そして、「なんで、私、おばあちゃんに何にも教えてもらおうとしなかったんだろう……」って、大人になってから不思議に思っていたんです。

しかしながら、後から「そうだったのか！」と腑に落ちたんです。

「あ！　おばあちゃんに学ぶのではなくて、おばあちゃんのエネルギーと『同期』していたんだ」って。

パソコンとスマホを「同期」して中のデータを一致させるように、祖母と私の情報を一致させていたんだ、って。

そうそう、「マイブーム」という言葉で有名な仏像好きのみうらじゅんさんは、おじいさんが古美術好き、スクラップ好き、収集家……だったそうです。彼もまた、そんなおじいさんのエネルギーと同期していたんだと思います。

「人生の予告編」をつくるのは私！

ちなみに、同期させる時には「目」を使います。「目」って、すごいんです！

「スキャン機能」を持っているからです。

目で見ることで、対象が自分の中に取り込まれるんですよ。

だから、**会いたい人、住みたい家、欲しいもの、理想の環境など、どんどんネットでかき集めて、写真を保存**して、しっかり**目でスキャン**することをお勧めします。

できれば、毎日、その写真を見て自分の理想を意識すれば、その「理想」とあなたの間にエネルギーが流れます。

エネルギーは、アレルギーと似たところがあって、**一定量を超えると、目に見える形で表に現われる**ようになります。

つまり、目を通して自分の中に取り込んだエネルギーは、あなたが主役を務める映画の「予告編」をつくっていくのです。

「人生の予告編」をつくるのは、自分自身なのです！

ぜひ、「かっこいい予告編」をつくって、毎日、再生してください。

その映画を見たくなる、ワクワクするような予告編を！

5

「すべてを笑いに変換できる人」は最強

「心の底から笑う」と、「最高のエネルギー」を発することができます。

さらに、笑うことは、**最高のお祓《はら》い**になります。浮遊霊や不穏なエネルギーは、「最高のエネルギー」があるところにはいられないので、笑うことで「最高のエネルギー」を放出すると、その場がクリーンになるのです。

だから、**すべてを笑いに変換できる人って、最強**なんです。

そして、自分も心の底から楽しみながら、周りをも、心の底から笑わせてくれる人は最高です！

私の周りに、そんな人が何人かいます。
毎回、どこかに行くたびに、面白い動画をメッセージで送ってくるのですが、「放送禁止」と思うくらい、「振り切りすぎの面白さ&くだらなさ」です!(笑)
そういう友人たちは、いつも本当に美しいエネルギーを放っていて、あらゆる神さまに好かれています。
彼らといると、みんな腹がよじれるくらい、笑うことができるんです。

「大笑い」は「大祓い」

何か起きたら、それをどう笑いに変えるか!

これを考えることに一生懸命になれたら、もう、その悩みから半分以上、解放されている証拠。

深刻に考えるよりも、

「そうだ! 人生って、『やってみたいこと』を体験するだけの単なる人形劇だったんだ！　のめり込みすぎてた！　ウケる～」

くらいに考えられたら、職場や学校でのストレスも軽くなっていきますよね。

「大笑い」は「大祓い」の効果もあり、さらに、**「私たちって、この地球に遊びに来てるんだよね～」と思い出させてくれる「儀式」**でもあるのです。

人生のあらゆることを楽しんで、真面目になりすぎず、バカになれる人は、宇宙のフリーエネルギーをうまく使っているのです。

「幸せな成功者の人」って、時と場合に応じて、自分をさらけ出せるバカばっかりなんです。

「子供の自分」をそのまま出せる人たちなんです。

6 神さまと同じ「エネルギーの使い方」をしてみる

さて、**神さまと同じエネルギーの使い方**をすると、大きく飛躍することができます。「神さまと同じエネルギーの使い方をする」とは、シンプルに言うと、エネルギーに「愛」を乗せる、ということです。

具体的には「あなたが、幸せでありますように」と願いながらエネルギーを使う、ということです。

このあなたの幸せを願うエネルギーは、「見返りほしさ」から発しているものではありません。

「衷心《ちゅうしん》からの祈り」なのです。
衷心とは、**「まごころ」**のことです。

ピュアな「まごころ」で生きる

愛でできたもの、愛で表現されたものを見たり、体験したりすると、つまり「あなたの幸せを祈ります！」という愛のエネルギーが乗った言葉、行動、作品……に接すると、私たちは、自然と涙が出てきてしまうのです。
相手の**ピュアな「まごころ」「魂」**に触れられるからでしょう。

エネルギーは、「愛」で一番強くなります。
ぜひ、あなたも試してみてください。
対象は、目の前の人でも、道行く人でもいいでしょう。
あなたが出した、その「心地よくパワフルな愛のエネルギー」は自分にも返ってきますから、あなたのエネルギーはさらにパワフルになっていくのです。

「こうだといいな」という願いも、ごく自然に、どんどん叶いやすくなっていきます。

だって、あなたはその時、**「神さまと同じエネルギーの使い方」**をしているわけですからね！

そして、自分の能力は無限であることを知っていくことになるでしょう。

そうそう、「ありがとう」をどれだけ言われるかを楽しむのも一つの方法です。

心からの「ありがとう！」を言われた数だけ、あなたのエネルギーが増えていきますから。

最後はぜんぶ、「感謝」で締めくくろう

それから、どんなことがあっても、どんな人に出くわしても、どんな結末が待

っていたとしても、**最後は「感謝」で締めくくる**と、どんな不穏なエネルギーも素晴らしいエネルギーに変わります。

「病気」には、何かしらのキッカケや気づきをくれたので感謝。
「今、病気ではない部分」にも感謝。
今まで頑張ってくれていた体にも感謝。
「嫌な人」には、自分が変わるキッカケをくれたので感謝。
いつも素晴らしい人に恵まれていたことにも感謝。
この世界に、「わざわざ、嫌われたい存在」なんて、何一つとしてないのですから。

すべては、あなたに通ずるのです。
そして、自分自身にもちゃんと感謝をしてください。
あなたは、神であり、あなたは、宇宙なのです。

おわりに……「地球アトラクション」を思いきり、楽しもう！

知っていましたか？

そもそも、私たちは**「地球に遊びに来ているだけ」**ということを。

そして、この世で経験することは、すべて**「地球アトラクション」**だということを。


私たちはこの地球に来ている間、「あ〜でもない、こ〜でもない」と悩みます。

ある時は、人間関係や仕事のことで悩んだり、「もっと、お金があったらなぁ」とため息をついたり、過去を悔やんだり、未来を心配したり。

そして、時には、自分を責めたり、何かに執着したり、欲望に振り回されたり、怒り狂ったり、気力を失ったり……。

こんな、**「なかなか自分の思い通りにならない思いを経験すること」**こそ、「地球ならではの醍醐味《だいごみ》」であり、「地球アトラクション」なんです！

この「地球アトラクション」を終える時に、

「あ〜、素敵な夢だった」

「いろいろなことに、没頭したなぁ」

と地球での思い出を振り返り、幸せな余韻《よいん》に浸る人もいれば、

「もっと、楽しめばよかった」

「やりたいことを、やり尽くせばよかった」

と後悔する人もいるでしょう。

地球生活は「巻き戻し」ができないのですから、「今、あなたが経験していること」をどうか味わい尽くしてほしいのです。

どんな出来事も、**「すべては『いいこと』につながるヒント」**と受け取り、「よ

かった！　よかった！」と受け入れて、悲しみや怒りを感謝に変えていけば、貴重な学びが得られます。

地球生活は、期間限定。だからこそ、この最高に美しい星、地球でしか経験できないことを堪能してください。

「自分は神さまと同じだ」と知り、神さまと同じ行動をとり始めた時、この世のすべてが自由自在になります。

そう、あなたも私も、**宇宙からやってきた「自《じ》由《ゆう》自在《じざい》大神《のおおかみ》」**なのです！

「地球アトラクション」に夢中になっている間は、そのことを忘れているだけ。思い出しさえすれば、この世界はあなたにとって、あっという間に天国になるでしょう。

誰にでも一つだけ与えられている地球へのパスポート……そう、それは命。

その宝物を大切に生きてください。

そして、最後にひと言、こんな言葉で、しめたいと思います。

「生きていることは素晴らしすぎる!!」

ここまで読んでいただき、ありがとうございました。

キャメレオン竹田

巻末付録

エネルギーを即効チャージ！
急速充電パワースポット

キャメレオン竹田が、実際に行ってみて「急速充電」できた場所をご紹介します。ぜひ、これらの場所を訪れて、エネルギーを充電してください。

あなただけの「チャージスポット」を見つけるのも面白いかも！

国内

サムハラ神社の奥の宮（岡山県津山市）

御祭神は、宇宙のはじまりからいる造化《ぞうか》の三神《さんしん》（アメノミナカヌシ、タカミムスビ、カミムスビ）。

とにかくものすごく偉い神さまたち！

伊弉諾《いざなぎ》神宮（兵庫県淡路市）

イザナギが最後に住んだ場所と言われています。

境内にある池（放生《ほうじょう》の神池《しんち》）の中の鯉《こい》と仲良し！

サムハラ神社　奥の宮

おのころ島《じま》神社（兵庫県南あわじ市）

大きな鳥居は圧巻！

榛名《はるな》神社の御神体（群馬県高崎市）

御神体は、御姿岩《みすがたいわ》という大きな岩の中に祀《まつ》られています。御姿岩までの参道では、いたるところで七福神の像が出迎えてくれます。

高崎白衣《びゃくえ》大観音（群馬県高崎市）

高さ四十メートルを超える大きな観音さま。遠くからでも、お顔がよく見える！

白根《しらね》神社（群馬県吾妻《あがつま》郡草津町）

草津温泉付近にひっそりとたたずむ神社。

榛名神社の御姿岩

高崎白衣大観音

阿蘇外輪山《あそがいりんざん》（熊本県阿蘇地方）
世界有数の面積を誇る、広大なカルデラ地形。

観音桜（熊本県南阿蘇村）
広い草原に一本だけ植えられている桜。存在感がすごい！

熊野神社（高知県安芸《あき》郡馬路村《うまじむら》）
馬路村にゆず狩りに行った時、ここにお参りしました。

大神山神社《おおがみやまじんじゃ》
（本社：鳥取県米子《よなご》市、奥宮：鳥取県西伯《さいはく》郡大山町《だいせんちょう》）
吸い込まれるようなパワー！

熊野神社

観音桜

今宮戎《いまみやえびす》神社（大阪府大阪市）

大阪に来たら、ぜひ訪れてほしい！

野間の大ケヤキ（大阪府豊能《とよの》郡能勢町《のせちょう》）

樹齢、なんと約千年！

ワクワクする大きさ。

出雲井社《いずもいのやしろ》（島根県出雲市）

出雲大社の摂社。呼ばれた人は、導かれます。

筑紫《ちくし》神社（福岡県筑紫野《ちくしの》市）

優しい空気感が満ちる境内。

今宮戎神社

野間の大ケヤキ

南蔵院の大黒さま（福岡県糟屋《かすや》郡篠栗町《ささぐりまち》）

大黒堂で大黒さまに出会うと、豊かさ倍増！　こちらのご住職の宝くじ高額当選にあやかり、大黒堂で御札を授かる方も多い。

光明禅寺《こうみょうぜんじ》（福岡県太宰府《だざいふ》市）

太宰府天満宮のすぐ近くにある禅寺。美しい庭園があり、紅葉の季節が特にオススメ。

比《ひ》沼《ぬ》麻《ま》奈《な》為《い》神社（京都府　京丹後《きょうたんご》市）

伊勢神宮の外宮《げくう》の主祭神トヨウケノオオミカミは、この分霊を祀ったものとされる。通称「元伊勢」。

南蔵院の大黒さま

比沼麻奈為神社

小笠原の南島（東京都小笠原村）

青い空、エメラルドグリーンの海、そして白い砂浜。
天国を思わせる配色。

當麻戸《とうまと》神社（山梨県韮崎《にらさき》市）

地元の人にも親しまれている、落ち着いた空間。

武田八幡宮（山梨県韮崎市）

お社《やしろ》に続く階段が、なんとも気持ちがいい！

大賀《おおが》ハス池（山梨県韮崎市）

個人が所有する大賀ハス池を一般公開している。
大賀ハスは、なんと約五百株！

南島

武田八幡宮

❋**山梨県北杜市《ほくと》のひまわり畑**
夏になると、約六十万本のひまわりが咲き誇ります！

❋**宮古島の石庭《いしにわ》**（沖縄県宮古島市）
新城定吉《しんじょうさだきち》さんが、天のお導きによって巨石を掘り出した場所（個人所有のお庭）。すごいパワー。

海外

❋**龍山寺**（台湾、台北）
神さまがたくさんいらっしゃいます。

❋**ホーリークロス教会**（アメリカ、セドナ）
ここからマリアさまの形の岩も見えます！

龍山寺

ホーリークロス教会

カラフイプアアの溶岩洞窟（アメリカ、ハワイ島）
オーラが見える洞窟。
光が差す穴の下に立つと、輝くオーラが見えます！

虹の滝（アメリカ、ハワイ島）
月の女神ヒナが住むといわれる。小さくて可愛い！

ベラージオの噴水（アメリカ、ラスベガス）
噴水ショーが行なわれる。特にアメリカ国歌のショーが最強。

セブンティアイランド（パラオ）
美しい海に広がる群島を、セスナに乗って見に行きます。空から眺めるだけで心身浄化！

カラフイプアアの溶岩洞窟

セブンティアイランド

タヒチの虹（フランス領ポリネシア、タヒチ島）

虹が出たら、その土地に歓迎されている印！

サグラダ・ファミリア（スペイン、バルセロナ）

教会の中で心に問いかければ、素敵なメッセージが降りてきます。

ノートルダム大聖堂（フランス、パリ）

ノートルダムの鐘を聴きに行きましょう。

おまけ

おおぽち先生（キャメレオン竹田専用）

我が家の急速充電器。

おおぽち先生

タヒチの虹

エネルギーチャージ
完了!

本書は、本文庫のために書き下ろされたものです。

神《かみ》さまからの急速充電《きゅうそくじゅうでん》

著者　キャメレオン竹田（きゃめれおん・たけだ）

発行者　押鐘太陽

発行所　株式会社三笠書房

〒102-0072 東京都千代田区飯田橋3-3-1

電話　03-5226-5734（営業部）03-5226-5731（編集部）

http://www.mikasashobo.co.jp

印刷　誠宏印刷

製本　ナショナル製本

ISBN978-4-8379-6892-4 C0130

王様文庫

王様文庫

ワクワク開運！

キャメレオン竹田の本

神さまとの直通電話

◇運がよくなる《波動》の法則

神さまの家庭訪問

◇あっさり開運する33のお話

「やっぱり、私は護《まも》られている！
サンキュー神さま!!」

……そう実感できることが次々起こる秘密とは？

☆心と体が「ゆるむ」ことが正解！
☆「使っていないもの」は手放す
☆「瞑想」で開きっぱなしの意識を閉じる
☆いつでも「ある」と思って暮らす

自分に「いい現象」を呼び込むコツ！

読むだけで
清々しくて、ありがたくて
超パワフルな気分になれる本！

☆神さまへのお願い事は「具体的に」！
☆タイミング上手は「運上手」
☆収入は「喜ばせた人の数」で決まる
☆悩みは「たくさんの人を救うため」にある

金運、夢の実現、良縁……
「注文する」から、願いは叶う！

K20051